Coleção

Filosofia e Direito

Direção

Jordi Ferrer
José Juan Moreso
Adrian Sgarbi

CB122822

O MUNDO DE KELSEN

Adrian Sgarbi

O MUNDO DE KELSEN

Marcial Pons

MADRI | BARCELONA | BUENOS AIRES | SÃO PAULO

Coleção
Filosofia e Direito

Direção
Jordi Ferrer
José Juan Moreso
Adrian Sgarbi

O mundo de Kelsen
Adrian Sgarbi

Capa
Nacho Pons

Preparação e Editoração eletrônica
Ida Gouveia / HBLYZ / Oficina das Letras®

Todos os direitos reservados.
Proibida a reprodução total ou parcial, por qualquer meio ou processo – Lei 9.610/1998.

CIP-Brasil. Catalogação na Publicação
Sindicato Nacional dos Editores de Livros, RJ

S533m
Sgarbi, Adrian
O mundo de Kelsen / Adrian Sgarbi. - 1. ed. - São Paulo: Marcial Pons, 2019.
(Filosofia & Direito)
Inclui bibliografia
ISBN 9788566722543

1. Direito - Filosofia. I. Título. II. Série.

17-46861 CDU:340.12

© Adrian Sgarbi
© MARCIAL PONS EDITORA DO BRASIL LTDA.
www.marcialpons.com.br

Impresso no Brasil

Para
Alejandro Bugallo Alvarez,
Gabriel Brum Teixeira,
Gláucia Moreira,
Luiz Eduardo Figueira,
Neuci Freitas,
Riccardo Guastini,
Stanley Paulson e
Tercio Sampaio Ferraz Jr.,
por razões diversas da vida.

PREFÁCIO

Ainda um livro sobre Kelsen? Bem, por que não?

É fato que a literatura sobre a teoria pura é vasta (embora, na verdade, muitos dos trabalhos que foram publicados sejam apenas artigos; já as monografias, como esta, são raras: na minha biblioteca há mais livros sobre Bob Dylan do que sobre Hans Kelsen). No entanto, mesmo que seja vasta a literatura, ela não é, e talvez não seja nunca, exaustiva.

Eis a razão: o trabalho de Kelsen é, ao mesmo tempo, interminável e multifacetado.

Interminável: já em 1966, Mario Losano, publicando a tradução italiana à segunda edição de *Reine Rechtslere* (1960), já somava 352 obras de Kelsen, sem contar com as inúmeras traduções. E Kelsen continuou a estudar e publicar até sua morte (1972): ou melhor, continuou a publicar mesmo além de sua morte, uma vez que a teoria geral das normas – um livro inacabado, mas fascinante de Kelsen – foi publicado, postumamente, em 1979.

Multifacetado: Kelsen escreveu não apenas sobre teoria geral do direito, mas também sobre direito constitucional (ele é o criador do modelo do controle concentrado de constitucionalidade), sobre direito internacional, filosofia política (sobre democracia, marxismo, socialismo) etc.

Em suma: você nunca deixa de estudá-lo. E além disso, há um Kelsen constitucionalista e um Kelsen internacionalista que está a merecer maior atenção dos estudiosos. Pessoalmente, não conheço muitos estudos específicos a respeito.

De fato, nos últimos cinquenta anos, a filosofia jurídica ocidental, com poucas exceções – entre elas, as preciosas obras de Alchourron e Bulygin – afastou-se dos ensinamentos de Kelsen (e da grande tradição da *analytical jurisprudence* de Austin) e perdeu-se ao longo das linhas dos caminhos tortuosos traçados primeiro por Hart, e, depois, por Dworkin. Isto, com êxito, mas desastrosos. Considere, para dar apenas alguns exemplos, as inúmeras tentativas de distinguir entre regras e princípios, a alternativa fútil entre o positivismo exclusivo e o positivismo inclusivo, a literatura maçante sobre a normatividade do direito, a confusão sistemática entre normas e proposições normativas (isto é, entre direito e ciência do direito).

Aliás, este que agora prefacia, compartilha, da teoria pura, quase todos os seus fundamentos conceituais e todos os seus valiosos pressupostos: especialmente o positivismo jurídico, a grande divisão entre o ser e o dever-ser, o não-cognitivismo ético, o ideal da "pureza" não valorativa da ciência, o conceito e o ideal da democracia.

Claro, a teoria pura não está livre de problemas. O mais notório e conhecido, ao que me parece, é o da validade e da norma fundamental.

A equação entre validade, existência e obrigação é, assim o entendo, um erro conceitual: por um lado, porque identificar a validade e a obrigação – de modo que as normas válidas devam ser obedecidas – parece questionar a neutralidade axiológica da ciência jurídica (como Ross afirmou em um ensaio famoso sobre a validade e o conflito entre jusnaturalismo e juspositivismo); por outro, porque, identificando a validade e a existência, de modo que cada norma existente é, por consequência, válida, chega-se a resultados paradoxais, entre os quais a tese, muito criticada, da "cláusula alternativa tácita".

Ademais, a norma fundamental, por seu turno, aparece como uma ideia intimamente contraditória: se a norma fundamental é um postulado da ciência jurídica, então não é uma norma; e, se é uma norma, não é uma norma jurídica positiva (é uma norma apenas pensada, uma ficção, como Kelsen admite nos últimos anos de sua vida).

Apesar de tudo isso, a teoria pura é a grande obra-prima da filosofia jurídica do século XX: seus comentadores e críticos não são mais do que anões sobre os ombros de um gigante. Às vezes (nem sempre) eles conseguem até enxergar mais longe, mas sem Kelsen eles simplesmente ficariam cegos.

Então: outro livro sobre Kelsen? Bem-vindo. Meu efusivo aplauso a Adrian Sgarbi por tê-lo escrito.

RICCARDO GUASTINI

Professor de Teoria do Direito da
Universidade de Gênova, Itália.

INTRODUÇÃO

Caro leitor,

Não sou bom de títulos; nunca fui. Aliás, para mim, isto é facilmente comprovável. Olhe bem para este: *O mundo de Kelsen*. É um título pretensioso. Demasiadamente pretensioso. Sobretudo por ter como centro de atenção um autor que durante toda a sua vida publicou dezenas de livros e centenas de artigos. Como cobrir tudo isso? De todo modo, decidi mantê-lo. Desculpe. Ficará assim mesmo.

* * *

Aliás, como não encontro outra maneira, permita-me, nesta introdução, começar com algumas advertências. Advertências que peço ao Leitor mais avisado que tenha paciência, pois alguns anos de trabalho com alunos de graduação e pós-graduação me levam a crer que é necessário afastar, desde já, lamentáveis equívocos. Faço isto através de algumas poucas notas. Para ser preciso, seis breves notas. Portanto, não vai demorar. Prometo.

Sigo com a primeira nota.

Ainda que Hans Kelsen seja muito conhecido como o autor do livro *Teoria Pura do Direito*, é importante saber que a teoria pura do direito não é apenas o nome de um livro, mas sim de um projeto seu; projeto cujo objetivo é o de elevar o conhecimento jurídico à posição de confiabilidade ocupada pelas ciências naturais.

No entanto, este objetivo de Kelsen algumas vezes é envolvido em muita confusão. Daí a importância desta segunda nota.

Basicamente, o projeto "teoria pura do direito" requer atenção ao fato de que a palavra "pura" se refere à "teoria", e não ao "direito". Porque o "direito", bem sabe Kelsen, por ser composto de normas, traduz-se em cenário de disputa política e da afirmação de valores. Ou seja, o papel da ciência jurídica é diverso do da política. Enquanto a política trata da utilidade ou inutilidade de se produzirem certas normas como regras de conduta, cabe à ciência jurídica descrever as normas que existem em determinada ordem jurídica. "Descrever" para que seja possível transmitir informações sobre o que elas, as normas jurídicas, estabelecem como comportamento devido aos seus destinatários.

Diz Kelsen:

> "A despolitização que a teoria pura do direito exige se refere à ciência do direito não ao seu objeto, o direito. O direito não pode ser separado da política, pois é essencialmente um instrumento da política. Tanto sua criação como sua aplicação são funções políticas, é dizer, funções determinadas por juízos de valor. Porém, a ciência do direito pode e deve ser separada da política, se é que se pretende valer como ciência."

Portanto, a teoria pura de Kelsen consiste em um método para se formular descrições das normas de ordens jurídicas. Como toda descrição, sua característica é a de transmitir informações a alguém sobre alguma coisa. Assim, se digo que N é uma norma jurídica de OJ, estou dizendo, apenas, que a ordem jurídica OJ possui uma norma N. Nada mais do que isso.

É claro que decorre, do parágrafo anterior, o fato de que, como aplicador, como cidadão e como observador, posso dizer que aprovo ou desaprovo o que os legisladores estabeleceram na norma N, e, mesmo, aplicar ou não aplicar, como juiz, N, tendo em vista esta minha avaliação pessoal. Contudo, ao fazer isso, eu não estarei "apenas" descrevendo N de OJ, mas sim "avaliando" N de OJ e pondo em prática as consequências desta minha avaliação; avaliação que pode, inclusive, influenciar outras pessoas a obedecer ou desobedecer N e, ao fim, levar à queda do regime político de OJ com atos coletivos de oposição. Tal aspecto foi considerado por Kelsen ao cuidar do tema da eficácia global da ordem jurídica e sua relação com o aspecto descritivo de sua teoria. Afinal, pouco sentido faz descrever uma ordem jurídica que não é operativa, que, enfim, não rege uma comunidade.

Das observações feitas até agora, destaquei o aspecto do projeto de Kelsen sob o viés do seu método. Mas como se pode perceber, existe um pano de fundo importante que completa os escritos de Kelsen: o aspecto político. Daí o início de minha terceira nota.

É possível dizer que as preocupações políticas de Kelsen estão divididas essencialmente em quatro temas: primeiro, a teoria da democracia; segundo, as instituições jurídicas e políticas fundamentais (incluindo reforma eleitoral, parlamentarismo, federalismo e controle da constitucionalidade); terceiro, a crítica a toda ideologia, direcionada em particular para as teorias da justiça e do direito natural; quarto, a crítica ao austro-marxismo. Em síntese, Kelsen, ao longo de suas obras de teoria política, assinala que na base normativa da democracia há apenas técnica: técnica de "racionalização das decisões"; técnica de consagração do princípio majoritário; de proteção das minorias; e de limitação temporal dos mandatos.

Como quarta nota, gostaria de observar que a teoria da produção escalonada das normas jurídicas não aparece desde o início da produção bibliográfica de Kelsen. De fato, em *Problemas Fundamentais do Direito Público* (ano de 1911), livro que, propriamente, inicia o projeto da teoria pura, não há referência a tal escalonamento. No quadro teórico de 1911 havia, apenas, uma "teoria plana" da disposição das normas jurídicas. Kelsen identificava o direito à lei sem maior tratamento. A totalidade do direito era pensada, tão-somente, como um conjunto de normas legislativas.

O salto para a teoria "escalonada" é devido a uma contribuição de um aluno de Kelsen: Adolf Julius Merkl. Aliás, Kelsen reconhece esta contribuição no prefácio da segunda edição de *Problemas Fundamentais...*, no ano de 1923. Nessa edição, Kelsen abandona sua teoria plana. A partir de então, elabora a distinção entre normas superiores e inferiores, formando uma "hierarquia de diferentes tipos de normas". Este o trecho do referido prefácio:

> "O mérito de ter concebido e exposto o ordenamento jurídico como um sistema genético de normas de direito que segue concretizando-se gradualmente desde a Constituição, passando pela lei e o decreto e demais fases intermediárias, até os atos jurídicos de execução, deve-se a Adolf Merkl."

Como acenado, Adolf Merkl foi aluno de Kelsen. Como aluno escreveu, no ano de 1917, um texto intitulado *O Direito do Ponto de Vista de sua Aplicação* e outro nomeado *A Dupla Face do Direito*, no ano de 1918. O campo apreciado em ambos os textos é a análise da dinâmica jurídica em que se pode notar uma leve intuição, um "tatear" da concepção escalonada – muito embora tenha feito menção literal no primeiro texto da expressão "pirâmide" e "vértice da pirâmide" para descrever o encadeamento normativo. Mas foi apenas no ano de 1931, com o escrito *Prolegômenos de uma Teoria Escalonada do Direito*, que Merkl fincou com detalhes a sua especulação, sendo possível encontrar nesse artigo afirmações como a seguinte:

> "Entre as normas jurídicas concatenadas não há apenas uma prioridade ou posteridade temporal, mas, em particular, também lógica. Enquanto uma norma não pode ser concebida sem uma outra que a preceda e deva, pois, a esta, sua validade, esta última pode ser considerada superior e aquela que dessa depende inferior (...). Dessa forma, vem definida como superior àquela norma jurídica sem a qual os resultados de determinados atos não poderiam ser reconhecidos como normas jurídicas existentes e, naturalmente, este grau de superioridade encontra-se fundado por esta mesma relação."

Não obstante, a pirâmide de Merkl é invertida, se comparada à de Kelsen, pois, em sua base, encontra-se a Constituição; e, no alto, os atos decisórios, provimentos e negócios jurídicos:

> "Se do plano das normas olhamos do alto para baixo, a vista se abre sobre aquela que é a base comum a tudo isto que é jurídico, a Constituição.

> Todavia, para cima da escala do edifício advém um número variado de planos. Encontramo-nos no setor dos regulamentos, o qual, na sequência – segundo a hierarquia de autoridade – se apresenta um articulado de mais graus; e o edifício culmina em um grande número de decisões, provimentos, sentenças ou como se possam chamar esses fenômenos jurídicos individuais."

Como quinta nota, digo que a "teoria da norma fundamental" não é uma construção totalmente original de Kelsen. De fato, a "teoria da norma fundamental", dada a sua dependência com a teoria escalonada, apenas apareceu com contornos mais bem definidos em 1920, no livro *O Problema da Soberania e a Teoria do Direito Internacional*. Nele, encontra-se a seguinte frase:

> "(...) finalmente se atribui a uma norma geral suprema de origem lógica, estabelecida como hipótese a partir da autoridade constituinte" da qual "a Constituição recolhe sua validade jurídica". "Somente o dogmatismo acrítico pode pensar que seja possível um sistema de direito positivo privado de pressupostos."

O próprio Kelsen admitiu – também no prefácio de *Problemas Fundamentais do Direito Público*, segunda edição, do ano de 1923 – que, quando o livro foi inicialmente publicado, não havia desenvolvido o tema da norma fundamental:

> "Uma importante modificação realizada no sistema da Teoria Pura do Direito com respeito à sua primeira versão, tal como aparece na presente obra, consiste em que o conhecimento estático do direito que, em princípio, se sustentou como método exclusivo, se vê completado por uma consideração de tipo dinâmico". "A ideia da norma fundamental como constituição no sentido lógico-jurídico foi desenvolvida principalmente por Alfred Verdross (...) que reconheceu a norma fundamental como uma hipótese relacionada ao material do direito positivo analogamente à hipótese da ciência natural. Uma importante contribuição à questão da determinação da norma fundamental como pressuposto do conhecimento jurídico foi desenvolvida por Leônidas Pitamic. (...) Com base nos trabalhos de Merkl e de Verdross, tenho tratado nos meus sucessivos escritos a teoria dos graus como um elemento essencial no sistema da teoria pura do direito."

Como sexta e última nota, dedico algumas palavras sobre quem foi Kelsen.

Hans Kelsen nasceu no dia 11 de outubro de 1881 em Praga, então Áustria, atualmente República Tcheca. Aliás, foi na Áustria que Kelsen trabalhou como professor de 1918 a 1930 e foi membro da Corte Constitucional, de 1919-1930. De 1930 a 1933 trabalhou na Universidade de Colônia (Alemanha), tendo sido professor de direito internacional. Com a ascensão nazista, Kelsen se viu forçado a renunciar a sua posição de professor, mudando-se para Genebra em 1933 motivado pelos perigos que sua ascendência judia poderia lhe trazer em território alemão.

No começo da Segunda Guerra Mundial, e dada a impressão de Kelsen segundo a qual cedo ou tarde a Suíça também iria envolver-se no conflito, mudou-se, em 1940, para os Estados Unidos da América. Data de 28 de julho de 1945 sua naturalização como cidadão estadunidense. No mesmo ano, é nomeado conselheiro da Comissão de Crimes de Guerra das Nações Unidas com a tarefa de elaborar documentos a respeito dos aspectos legais e técnicos do tribunal de Nuremberg.

Em seus escritos sobre teoria política (por exemplo, *Essência e valor da democracia*, 1920/1929), ele lutou contra o nazismo, o fascismo, bem como contra o marxismo, e defendeu o sistema democrático-parlamentar. Kelsen faleceu em 19 de abril de 1973 em Orinda, próximo a Berkeley, com a idade de 92 anos, deixando mais de 400 trabalhos. Uma das características desses trabalhos é sua diversidade temática.

Por fim, resta-me agradecer a paciência do meu leitor e desejar que este material lhe possa ser útil de algum modo.

Obrigado. Boa leitura.

Rio de Janeiro, primavera de 2018

ADRIAN SGARBI

SUMÁRIO

Capítulo 2

Capítulo 3

Capítulo 4

Capítulo 5

Capítulo 6

1

TEORIA PURA DO DIREITO

1. Palavras iniciais

Hans Kelsen é muito conhecido como o autor do livro *Teoria Pura do Direito*. No entanto, é importante manter em vista que a teoria pura do direito não é apenas o nome de um "livro" de Kelsen, mas o nome de um projeto seu; projeto cujo objetivo era o de elevar o conhecimento jurídico à posição de "conhecimento científico".

Desde a obra *Problemas Fundamentais do Direito Público*, ano de 1911, passando pelas versões do livro *Teoria Pura* de 1934 (1ª edição), 1953 (edição francesa, conhecida como "versão intermediária"), 1960 (2ª edição), até a *Teoria Geral das Normas*, obra editada postumamente no ano de 1979, Kelsen se esforçou por estabelecer limites claros, além de respostas, ainda que nem sempre acabadas, ao seu maior propósito: a elaboração de uma teoria que auxiliasse na análise das normas dos diversos ordenamentos jurídicos.

No que se segue, apresentarei os principais aspectos deste projeto de Kelsen. Porém, em razão das modificações no pensamento de nosso autor ao longo dos anos, vou me manter centrado na versão do livro de 1960, salvo diversa indicação.

2. O que é a teoria pura do direito?

O significado da expressão "teoria pura do direito" é obtido através do entendimento de dois pontos igualmente importantes: a) que se entende por "pura"?; e b) "a quê" esta "pureza" se refere?

Para Kelsen, a palavra "pura" se refere a uma descrição do "direito" sem a intromissão de informações que pouco auxiliam em sua demarcação. Isto significa que aspectos relativos apenas a "fatos", a contextos "políticos", a situações "sociais", a aspectos "psicológicos" ou, mesmo, critérios "éticos", se não ajudam na descrição das normas jurídicas, devem ser afastados do seu campo explicativo.[1]

Por isso, a "pureza" da qual Kelsen se ocupa está relacionada à "teoria", e não ao "direito". Porque o "direito", entendido como conjunto de normas, é resultado da disputa política e da afirmação de valores. Mas o papel da teoria é outro; este, diverso do da política. Enquanto a política trata da decisão sobre a utilidade de produzirem-se certas normas, ou a avaliação a respeito das condutas, cabe à teoria jurídica descrever as normas que foram produzidas em determinada ordem jurídica. "Descrever" para se transmitir informações sobre o que elas, as normas, estabelecem como o comportamento devido em determinada situação.

Portanto, assim o entende Kelsen, quando se está informando a alguém quais normas foram produzidas em um determinado ordenamento jurídico, não se deve adicionar dados que atrapalham o que está sendo descrito, quer isto agrade ou não. Daí constituir a teoria pura um método através do qual o teórico pode apontar quais são as normas de um dado país utilizando-se, apenas, do que é necessário para oferecer esta descrição.[2]

Diz Kelsen:

> "A despolitização que a teoria pura do direito exige se refere a ciência do direito não ao seu objeto, o direito. O direito não pode ser separado da política, pois é essencialmente um instrumento da política. Tanto sua criação como sua aplicação são funções políticas, é dizer, funções determinadas por juízos de valor. Porém, a ciência do direito pode e deve ser separada da política, se é que se pretende valer como ciência."[3]

3. Ciência do direito e ciência da natureza

Por ciência Kelsen se refere a uma atividade com características específicas. "Ciência", para Kelsen, é a atividade de apresentar um conhecimento que "explique" de modo "controlado" certo "objeto", de maneira que permita fazer "previsões" sobre ele. Ou seja, um "conhecimento" cujo mérito é o de possibilitar afirmações "seguras" a respeito do seu objeto.

De fato, o modelo que Kelsen tem em mente é o modelo da "ciência da natureza" prevalecente em sua época.[4] O cientista da natureza descreve os "fatos

1. H. Kelsen (1960), p. 1.
2. Como se verá mais adiante, o dado necessário é o princípio da imputação.
3. H. Kelsen (1953), p. 29.
4. Tal aspecto é significativo, podendo ser notado logo no Capítulo 1 da *Teoria Pura do Direito*, o qual recebeu o título de "Direito e Natureza".

naturais". Os fatos naturais são regidos pelo "princípio da causalidade". Assim, os cientistas da natureza, através de observação e testes, formulam descrições com o objetivo de transmitir o conhecimento obtido a partir da análise de determinado fenômeno natural.[5] Este ponto merece ilustração.

Conta-se que estava Newton sentado embaixo de uma macieira quando, ploft! Cai-lhe uma maça sobre a cabeça.

Newton descreveu este fenômeno natural com a seguinte fórmula:

$$\vec{F}_{12} = G\frac{m_1 m_2}{r^2}\hat{r}$$

Onde: a) F = força gravitacional entre dois objetos; b) m1 = massa do primeiro objeto; c) m2 = massa do segundo objeto; d) r = distância entre os centros de massa dos objetos; e f) G = constante universal da gravitação.

Ou seja, a partir de Newton, sabe-se que em razão da "força" da gravidade, os objetos "formam trajetória de queda" quando soltos no ar. Além disso, sabe-se que se se mantiver mesma condição ocorrerá necessariamente a mesma consequência. Tem-se, assim, a possibilidade de prever o fenômeno. E o fenômeno se comprova toda vez que deixo um objeto cair no chão.

Kelsen, com o objetivo de construir uma "ciência do direito", quer algo parecido para o conhecimento jurídico. Quer afirmações seguras a respeito do que se diz sobre as normas jurídicas, de modo a tornar possível a previsão de suas consequências. Entretanto, Kelsen se dá conta de um problema. Na verdade, de um grande problema: uma norma jurídica é uma determinação de dever; determinação de dever que também está presente na "moral", como, também, na "religião", pois ambos estabelecem deveres. Portanto, para alcançar o seu objetivo, a primeira coisa que Kelsen precisa fazer é delimitar bem o que entende por "dever jurídico". Sem isso, não se saberá o que se está descrevendo.

Evidentemente que esta necessidade de se delimitar o que seja um dever jurídico não implica a afirmação de que seja impossível haver uma norma jurídica que estabeleça um dever que seja coincidente com algum dever "moral" (ou desconforme com a moral), ou com o dever religioso (ou desconforme algum dever religioso); apenas acentua a importância de se saber quando está em discussão não um dever qualquer, mas um dever presente em um ordenamento jurídico, coincida ele ou não com nossas preferências políticas, religiosas ou éticas. Até porque, apenas se pode dizer quando se está ou não a favor de um dever jurídico se se souber qual é o dever jurídico que foi ordenado.

5. H. Kelsen (1960), p. 2.

4. A delimitação do objeto: normas em geral e as normas jurídicas

Seguindo três passos, Kelsen oferece a sua resposta ao problema da delimitação do objeto do direito. E o faz enfatizando ser, o direito:

a) uma técnica social específica;

b) coercitiva; e

c) diversa da ordem natural.[6]

4.1 O direito como técnica social específica

O direito é uma técnica de motivação indireta das condutas humanas, diz Kelsen. "Indireta" porque o comportamento conforme é obtido através do uso de sanções punitivas socialmente organizadas. Aliás, isto não apenas consagra uma aposta na racionalidade do homem como ser que compreende o prejuízo da sanção e escolhe o que fazer e o que não fazer, mas, também, a função da sanção de atuar como instrumento de reflexão entre as opções de se agir segundo os próprios desejos e estar sujeito à sanção, ou agir conformando-se ao prescrito e evitar a consequência negativa que ela estabelece.[7]

Nestes termos, afirma Kelsen, a consequência jurídica decorre de um ato do Estado. Mas disto não decorre que a condição de toda norma jurídica tenha que ser um ato ilícito, um delito. É plenamente possível que seja um fato natural, como uma epidemia que resulte na decretação de quarentena. De qualquer forma, ainda que seja um "ilícito", longe de ser um ato "antijurídico", é este ilícito, por definição, um "ato jurídico".

Sobre o assunto, assim entende Kelsen, a conduta ilícita não é um ato "contra" o direito, mas o exato pressuposto previsto normativamente que licencia o Estado a aplicar a sanção. Ou seja, o "ilícito" é apenas mais uma peça na maquinaria jurídica. Daí que a "paz" produzida pelo direito apenas pode ser "relativa". "Relativa" porque, se se entende por paz a "ausência de força", como o direito precisa da força para conter os impulsos agressivos, a paz que promove não é absoluta. O direito combate a força arbitrária, substituindo-a pela força regulada por normas e parafraseada em pressupostos, requisitos e ritos de aplicação de punições pelo Estado.[8]

6. Observe-se que, para Kelsen, "direito" aqui significa "norma jurídica", i.e., as normas jurídicas constituem uma "técnica social específica de controle social", "coercitiva" e que pertence a um mundo diverso do da "ordem natural". Como se verá, este último aspecto está relacionado à noção "imputação" em sua teoria.

7. H. Kelsen (1941), p. 225-226.

8. H. Kelsen (1941), p. 232.

4.2 Coercitiva

Foi dito que uma norma jurídica expressa um dever; este, por sua vez, participa do contexto técnico de atuar como instrumento de motivação para as condutas humanas.

Kelsen, contudo, afirma que os "deveres jurídicos" não se diferenciam, em essência, dos "deveres morais", porque todos eles estabelecem comportamentos que são devidos.

Portanto, nega Kelsen a relevância da distinção, particularmente professada durante os séculos XVII e XVIII, segundo a qual os deveres morais produzem sanções "internas" (como o remorso) ao passo que os deveres jurídicos são sanções externas (como as penas privativas de liberdade). Segundo entende, direito e moral determinam condutas; ambos compõem estruturas "sociais" reguladoras de comportamentos.

Desse modo, para estabelecer a diferença entre as normas morais e as normas jurídicas, Kelsen destaca a peculiaridade de o direito ser formado por ordens respaldadas no uso da força física monopolizada pelo Estado. Assim, a ordem jurídica se diferencia da moral apenas pelo modo através do qual apoia o que determina ou o que proíbe. Esta a diferença: o direito dissuade a realização de determinado comportamento relacionando a conduta proibida um ato punitivo socialmente organizado; o direito possui caráter coercitivo.

É exatamente pelo fato de o direito se valer da técnica de motivação indireta, através do emprego de punições socialmente organizadas, que cabe, às sanções, a tarefa de condicionar as condutas humanas, inculcando o devido e desalentando o proibido. Por esta razão, Kelsen designa o seguimento do texto legal que a prevê de normas "primárias" e as predica de "verdadeiras normas". Já a parte que explicita a conduta devida, batiza de normas "secundárias"; estas, por seu turno, seriam apenas "reflexos" das primeiras.[9] Com isso, reconstrói a formulação de Rudolf Von Ihering, que havia chamado de "primárias" as normas relativas aos cidadãos: as normas de conduta; e de "secundárias" as normas dirigidas aos juízes, pois é deles a tarefa de aplicar as sanções, no caso de desobediência.[10]

Contudo, como sabido, nem todas as normas presentes no conjunto normativo são dotadas de sanção. Pense-se aqui nas normas que revogam. Elas não possuem sanção. Ou bem uma norma revogadora N2 elimina outra norma, *v.g.*, N1, ou não a revoga. Como responder a esta objeção? Para este problema, Kelsen oferece duas respostas. Em primeiro lugar, as nulificações são concebidas como sanções em sentido amplo (Kelsen segue aqui construção que alcançou notoriedade com John Austin).[11] Em segundo lugar, com respeito às demais normas, elas são normas

9. H. Kelsen (1945), p. 86.
10. R. Von Ihering (1883), p. 232-233.
11. J. Austin (1861), p. 457. Para isso, permita-me recomendar o meu *Clássicos de Teoria do Direito.*

"incompletas", "não-autônomas" ou "fragmentos de norma", cuja característica é a de serem identificadas a partir de uma dependência em relação às normas sancionadoras.[12]

Por outro lado, Kelsen assinala que a ordem social não apenas regula as condutas humanas quando vincula um específico comportamento a uma sanção, mas também quando não proíbe uma conduta, ou deixa de determinar algo como devido: uma conduta não juridicamente proibida é juridicamente permitida, entende Kelsen. Portanto, nem toda conduta permitida corresponde a uma obrigação correlativa de outra pessoa; logo, pode haver um conflito para o qual a ordem jurídica não prevê qualquer comportamento como devido. Uma conduta pode não ser proibida a um indivíduo, e, ao mesmo tempo, também não ser interdita a outro indivíduo em ação que àquela se opõe.

Desta forma, como as ordens jurídicas não têm como limitar a totalidade da conduta dos indivíduos, mas, sim, restringi-la mais ou menos, conforme a quantidade de determinações de conduta promulgadas, para Kelsen, há, sempre, um "mínimo de liberdade", mesmo nos regimes mais autoritários. Esse mínimo resulta da ausência de disciplina da conduta humana, uma limitação técnica do próprio direito.[13]

4.3 Diversa da ordem natural

Além de o direito ser uma "técnica específica de motivação" e de ser constituído por "deveres apoiados na força", seu princípio de regência, como princípio social, difere, afirma Kelsen, do princípio de regência dos fenômenos não normativos, daqueles que não expressam um "dever".

Todavia, embora isto pareça claro, o termo "lei" é frequentemente empregado tanto com referência a fenômenos normativos (como as "leis" jurídicas), como não normativos (como as "leis da física"). Este é o caso quando se diz: "Esta 'lei' foi elaborada pelo legislador constituinte"; "É uma 'lei' da física a dilatação dos metais quando aquecidos"; "Respeitar os mais velhos é uma 'lei' moral" etc.

Para distingui-los, Kelsen afirma que, enquanto as "leis" dos fenômenos da natureza são edificadas com base no "princípio da causalidade", os acontecimentos normativos se apoiam em princípio diverso, no "princípio da imputação".[14]

Por outras palavras, trata-se de circunstância específica do mundo da natureza, e, portanto, do "princípio da causalidade" (causa e efeito), quando há relação entre um fato anterior no tempo que seja determinante necessário da ocorrência do fato posterior. Se aquecermos um metal M, ele dilata. Essa dilatação é decorrência necessária do aquecimento do metal M. Neste contexto, "mundo do ser" significa

12. H. Kelsen (1960), p. 62.
13. H. Kelsen (1960), p. 46-48.
14. H. Kelsen (1945), p. 64-66.

realidade natural (mundo físico), plano existencial determinado pela ocorrência de um vínculo natural necessário, o qual o teórico meramente observa.

De outra parte, é caso pertencente ao mundo jurídico, explicável pelo "princípio da imputação" (relação de condição e consequência estabelecida pela vontade humana), quando há a descrição de uma relação entre dois fatos diferenciados dos acontecimentos causais em virtude de ser tal relação alheia aos fatos que descreve; o vínculo entre os fatos apenas encontra sua razão de existir pela vontade humana que os relaciona.

Esta a explicação: não existe qualquer relação natural que vincule o ato de matar alguém e a prisão. Pessoas vão para a prisão neste caso por terem os seres humanos (o legislador) estabelecido que "se alguém mata outra pessoa deve ir para a prisão". Esta relação "matar" (fato 1) e aprisionamento de quem matou (fato 2) apenas existe por vontade humana. Assim, o mundo humano dos "deveres" decorre da própria vontade humana, não de uma necessidade "natural".[15]

Aliás, em razão das normas jurídicas existirem por vontade humana que, como valorações que são de fatos aos quais os serem humanos qualificam, não há, necessariamente, mesmas normas em ordens jurídicas diversas como, também, perpetuidade de normas em uma mesma ordem jurídica.

Não há, necessariamente, mesmas normas em ordens jurídicas diferentes pela razão de culturalmente fatos considerados dignos de proteção em um dado país poderem não desfrutar de mesma qualificação protetora em país de cultura distinta. Além disso, não há perpetuidade de normas porque as valorações humanas mudam no tempo. Hoje, tem-se uma determinada conduta como merecedora de proteção jurídica; amanhã, esta mesma conduta é tida como irrelevante, sendo, por conseguinte, retirada do conjunto normativo.

Resumindo, o objeto do direito são as normas jurídicas, diz Kelsen. Por "norma jurídica", entende-se a determinação de conduta apoiada por uma medida coercitiva historicamente determinada e monopolizada pelo Estado. No particular, o papel da ciência jurídica é descrever as normas jurídicas seguindo o princípio de imputação, isto é, apontando para o resultado do que o legislador relaciona por vontade e valores seus. Desse modo, tem-se a descrição das normas daquele Estado.

Já se sabe, assim, que o "objeto" da teoria "pura" são as normas produzias em um Estado que detém o monopólio da violência física; sabe-se, também, que este objeto é descrito através do "princípio da imputação". Mas, a) com quais critérios as normas são produzidas? b) Por que considerá-los? Na sequência, o ponto 1) será analisado no item (5); e o ponto 2) nos itens (6), (7), (8) e (9).

15. Este ponto é muito importante. Exatamente pela relação entre fato e consequência jurídica ser uma criação humana (o legislador estabelece que se matar deve-se punir) que outros tantos atos de vontade serão necessários para que o assassino seja punido, i.e., deve haver investigação, deve haver julgamento, e prisão. Ninguém apenas por matar "sofre" as consequências de uma "força natural" que o conduz à prisão.

5. Fundamentação estática e dinâmica

"Fundamentar" o direito significa responder quais normas são "jurídicas" em certa comunidade. Portanto, esta relação de fundamentação é importante para destacar o que é "relevante" para o direito de um país e o que não é.[16]

Segundo Kelsen, há dois tipos de fundamentação possíveis: (1) ou bem a fundamentação é "estática"; (2) ou bem a fundamentação normativa é "dinâmica".[17]

Na "fundamentação estática" o que há é uma sequência de normas que são apontadas como existentes em razão de seu conteúdo. Para Kelsen, os sistemas normativos morais são exemplos típicos de sistemas estáticos, porque, a partir de normas iniciais consideradas evidentes, é possível revelar outras normas. Normas tais como "não deves mentir", "não deves enganar", "deves ser fiel à tua promessa" podem ser consideradas incluídas em uma norma geral que determina a honestidade. Da norma "amarás o teu semelhante", podem-se obter normas como "não deves ferir teu semelhante", "deves ajudá-lo quando ele estiver necessitado" etc.[18]

Por outro lado, na "fundamentação dinâmica" a relação normativa pode ser traduzida por sucessivas autorizações, é dizer, as normas são organizadas a partir de outras normas que conferem o poder de produção normativa a alguém, pois instituem "autoridades produtoras de normas". Assim, uma norma será válida se e somente se for produzida pela autoridade competente para produzi-las e nos termos exigidos para esta produção.

A partir das teses acima, Kelsen conclui que os ordenamentos jurídicos possuem composição "dinâmica" porque as derivações normativas são obtidas através de sucessivas autorizações iniciadas por uma norma atributiva deste poder legal de criação normativa. Aliás, como é possível, também, ao poder instituído nomear outras autoridades, neste caso terá ocorrido o fenômeno da "delegação", entende Kelsen. Com isso, insere a noção de o direito não apenas ter "índole dinâmica", mas também ser composto por "cadeias de autorização". Em resumo, os ordenamentos jurídicos são "dinâmicos" porque as suas normas têm origem em uma complexa organização de produção normativa de "competências" e "delegações de competência".

A esta relação de autorização criadora e o respeito aos critérios de criação de normas Kelsen chama de "validade". Daí afirmar que "validade é a específica existência de uma norma". Para Kelsen, uma norma "existe" em determinado ordenamento jurídico se é produzida segundo os critérios estabelecidos por este mesmo ordenamento jurídico. Como será visto mais adiante, são estas normas existentes que, segundo nosso autor, cumpre ao cientista do direito descrever.

16. H. Kelsen (1960), p. 4.
17. H. Kelsen (1960), p. 217-221.
18. H. Kelsen (1945), p. 164.

6. Constituição, determinação de normas e o assaltante de estradas

A respeito da produção normativa de dado ordenamento jurídico, é a constituição que fixa os critérios a partir dos quais normas são consideradas jurídicas.[19] Uma vez que do mundo físico (mundo da causalidade) não deriva o mundo das normas (mundo das atribuições, i.e., do fato F ao qual se imputa a consequência S), apenas de uma norma pode advir outra norma.[20] Portanto, a existência de um dever somente pode apoiar-se em outro dever superior ordenado e normativamente fundado pela autoridade competente.

Consequência disso é que o ordenamento jurídico se apresenta como uma estrutura em degraus de normas superiores-fundantes e de normas inferiores-fundadas. Sendo que, por norma "superior-fundante" deve-se entender a que regula a criação da inferior-fundada; e, por sua vez, por norma "inferior-fundada" aquela que foi regulada em sua criação por uma norma superior-fundante.[21] A este processo pelo qual se obtém normas cada vez mais específicas, Kelsen nomeia de "concretização" e, às vezes, "determinação".

Segundo Kelsen, é exatamente em decorrência desta sucessiva relação de fundamentação que se pode estabelecer a diferença entre o ato de um assaltante de estradas (um ladrão que comanda que lhe seja entregue o dinheiro) de um ato jurídico cujo conteúdo é que seja entregue dinheiro.

Este o seu exemplo: o ato de um funcionário do Fisco e o ato de um assaltante de estradas têm o mesmo significado "subjetivo" (significado visível a todo observador da exigência da entrega de certa quantia), pois ambos ordenam que seja entregue o dinheiro. Todavia, se a ordem do funcionário do Fisco se faz de acordo com uma norma válida (de tal modo que não passa, assim, de um ato de concretização da norma que lhe é superior), então a ordem do funcionário apresenta também um significado "objetivo", porquanto é um ato dotado do significado jurídico atribuído pela norma superior. A norma superior conferiu ao ato do funcionário do Fisco um sentido especial, em que pese o fato da entrega do dinheiro ser o mesmo, do ponto de vista empírico. Ela, a norma, atua, assim, como um "padrão de avaliação objetivo" diante das distintas opiniões a respeito do que está ocorrendo[22]

Com este argumento, Kelsen conclui não apenas que o direito regula sua própria criação, mas também que toda criação normativa é, ao mesmo tempo, aplicação do direito. Assim, produzir e aplicar não são movimentos separados, como "o legislador produz leis" e os "juízes as aplicam". Porque, quando o legislador produz leis, ele está aplicando a constituição e, por seu turno, quando um juiz aplica leis também está criando outras normas, estas, individuais, as sentenças.

19. Para isso, Capítulo 6, "A Função da Constituição".
20. H. Kelsen (1960), p. 4-5.
21. H. Kelsen (1964), p. 81.
22. H. Kelsen (1945), p. 67.

A este respeito, deve-se notar ser a constituição apenas resultado de criação (dado que não há norma jurídico-positiva que lhe anteceda) e a execução de uma decisão judicial ser apenas aplicação (pois ao colocar-se alguém dentro de uma cela de prisão nenhuma outra norma é produzida).

7. A origem da teoria escalonada

A teoria da produção escalonada de normas não aparece desde logo na obra de Kelsen. De fato, em *Problemas Fundamentais do Direito Público* – livro que inicia propriamente o projeto da teoria pura – não há referência a tal escalonamento. No quadro teórico de 1911 havia, apenas, uma "teoria plana" do direito. Kelsen identificava o direito à lei sem maior tratamento; a totalidade do direito era pensada, tão-somente, como um conjunto de normas legislativas.

O salto para a teoria "escalonada" é devido a um aluno de Kelsen, Adolf Julius Merkl. Em razão dessa contribuição, reconhecida no prefácio da segunda edição de "Problemas Fundamentais...", ano de 1923, Kelsen abandona sua teoria plana, podendo já ser encontrada essa alteração no livro *Teoria Geral do Estado*, de 1925, e na primeira versão da "Teoria Pura do Direito", ano de 1934.[23] Distingue, assim, as normas em superiores e inferiores, formando uma "hierarquia de diferentes tipos de normas".[24] Esta a afirmação presente no referido prefácio:

> "O mérito de ter concebido e exposto o ordenamento jurídico como um sistema genético de normas de direito que segue concretizando-se gradualmente desde a Constituição, passando pela lei e o decreto e demais fases intermediárias, até os atos jurídicos de execução, deve-se a Adolf Merkl."[25]

Como acenado, Merkl foi aluno de Kelsen. Como aluno escreveu, no ano de 1917, um texto intitulado "O Direito do Ponto de Vista de sua Aplicação", e, outro, nomeado "A Dupla Face do Direito", em 1918. O campo apreciado em ambos os textos é a análise da dinâmica jurídica, constituindo, como análise, um tateio da concepção escalonada, embora mencione claramente no primeiro texto a expressão "pirâmide" e "vértice da pirâmide" para descrever o encadeamento normativo.[26] Porque apenas no ano de 1931, com o escrito "Prolegômenos de uma Teoria Escalonada do Direito", é que Merkl assenta com detalhes a sua especulação, podendo-se encontrar, no artigo, afirmações como a seguinte:

> "Entre as normas jurídicas concatenadas não existe apenas uma prioridade ou posteridade temporal, mas, em particular, também lógica. Enquanto uma norma não pode ser concebida sem uma outra que a preceda e deva, pois, a esta, sua validade, esta última pode ser considerada superior e aquela que dessa depende, inferior (...). Dessa forma, vem definida como superior aquela norma

23. H. Kelsen (1951), p. 99.
24. H. Kelsen (1998), p. 181.
25. H. Kelsen (1997), p. 28.
26. A. Merkl (1917a), p. 102; *Idem* (1917b), p. 304.

jurídica sem a qual o resultado de determinados atos não poderiam ser reconhecidos como normas jurídicas existentes e, naturalmente, este grau de superioridade encontra-se calcado por esta mesma relação."[27]

Não obstante, a pirâmide de Merkl é invertida comparada à de Kelsen, pois, em sua base, encontra-se a constituição; e, no alto, os atos decisórios, provimentos e negócios jurídicos. Veja-se esta passagem:

> "Se do plano das normas olhamos do alto para baixo, a vista se abre sobre aquela que é a base comum a tudo isto que é jurídico, a Constituição. Todavia, para cima da escala do edifício advém um número variado de planos. Encontramo-nos no setor dos regulamentos, o qual, na sequência – segundo a hierarquia de autoridade – se apresenta um articulado de mais graus; e o edifício culmina em um grande número de decisões, provimentos, sentenças ou como se possam chamar esses fenômenos jurídicos individuais."[28]

Segundo Merkl, quem observa o ordenamento jurídico se vê diante de uma multiplicidade de normas, as quais, analisadas em seu conjunto, apresenta tanto relações de precedência e posteridade como relações de posicionamento em instâncias superiores e inferiores. Ademais, dada a imagem criada pela estrutura escalonada que se pode questionar até onde se retrocede nos escalões, ou, mesmo, se há um ponto final. Desse modo, embora a "teoria da construção escalonada da ordem jurídica" seja distinta da "teoria da norma fundamental" ambas estão claramente associadas.

Esta a afirmação de Kelsen:

> "Se o Direito é concebido como uma ordem normativa, como um sistema de normas que regulam a conduta dos homens, surge a questão: O que é que fundamenta a unidade de uma pluralidade de normas? Por que é que uma norma determinada pertence a uma determinada ordem? E essa questão está intimamente relacionada com esta outra: Por que é que uma norma vale? O que é que constitui o seu fundamento de validade?"[29]

Passeamos a análise deste ponto.

8. Norma fundamental

Com atenção nos escalões, caso se pergunte por que razão nós nos encontramos obrigados a obedecer a uma sentença judicial, Kelsen responde remetendo-nos ao código que autoriza ao juiz decidir o caso. Se perguntarmos depois "por que o código é válido?" (leis editadas pelo legislador, os contratos formulados pela autonomia privada, ou, noutra apreciação, as leis decorrentes do direito costumeiro), a resposta de Kelsen é: "o legislador está autorizado pela constituição a editar

27. A. Merkl (1931), p. 37-38.
28. A. Merkl (1918), p. 102
29. H. Kelsen (1960), p. 215.

leis", "os particulares a fazer contratos", ou, ainda, que "a constituição reconhece o costume como norma de obrigatório cumprimento".[30] À vista disso, em ambos os casos, ocorre que se está a obedecer à constituição, pois é sob o fundamento da constituição que as leis são "postas", i.e., criadas por alguém "autorizado".

Mas, como a constituição também pertence ao mundo normativo, surge a questão sobre o quê lhe atribui validade. É dizer, pode-se perguntar, igualmente, qual é o seu fundamento.

Este o problema: se uma norma jurídica somente obtém o status de norma jurídica a partir de uma outra norma jurídica, é preciso admitir que deva haver uma outra norma que fundamenta a constituição. Neste passo, a constituição considerada pode ter sido introduzida mediante uma lei com base em uma constituição anterior, pelo que a validade da constituição atual depende da constituição anterior, da qual provém. Chegando-se à constituição anterior é possível, ainda, seguir o mesmo processo até se chegar à primeira constituição histórica. Desta forma, a validade pode ser rastreada até alcançar-se a constituição histórica primeira, a primeira constituição daquela ordem jurídica, normalmente marcada por um ato de independência de um Estado frente a outro Estado.[31]

No entanto, neste final do caminho, é possível, outra vez, questionar qual o fundamento de validade desta constituição histórica primeira, porque, na falta de alguma fundamentação normativa que seja jurídica, todas as demais normas perderiam seus respectivos suportes de validade. Essa busca sem fim constitui o que se pode designar de "problema da fundamentação normativa". Portanto, o problema da fundamentação normativa expressa a necessidade de se encontrar, em termos últimos e definitivos, o ponto de referência a partir da qual o cientista do direito assume como início de toda a sequencia de normas que pretende descrever.

É exatamente para fornecer resposta a esse regresso provocado pela necessidade de se indicar, sempre, a "norma validamente superior", que Kelsen elabora a "teoria da norma fundamental". Segundo Kelsen, a norma fundamental nada mais é do que a postura necessária de o teórico considerar válida, e, portanto, como ponto de descrição inicial, a constituição histórica primeira não mais em disputa criada pela autoridade constituinte, pois esta é uma pressuposição imprescindível para que ele possa identificar as normas da ordem jurídica em vigor. Aqui, tem-se o que Kelsen designa de "constituição em sentido lógico-transcendental".

Façamos aqui uma breve pausa. Antes de avançar mais é importante registrar que, tal como a teoria escalonada, a "teoria da norma fundamental" também não é uma construção totalmente original de Kelsen. De fato, a "teoria da norma fundamental", dada a sua dependência com a teoria escalonada, apenas apareceu com contornos mais bem definidos em 1920, no livro *O Problema da Soberania e a Teoria do Direito Internacional*. Nele, pode-se encontrar a seguinte frase:

30. H. Kelsen (1960), p. 7-8.
31. H. Kelsen (1960), p. 223.

> "(...) finalmente se atribui a uma norma geral suprema de origem lógica, estabelecida como hipótese a partir da autoridade constituinte" da qual "a constituição recolhe sua validade jurídica". "Somente o dogmatismo acrítico pode pensar que seja possível um sistema de direito positivo privado de pressupostos."[32]

O próprio Kelsen reconhece – também no prefácio de *Problemas Fundamentais do Direito Público*, segunda edição, ano de 1923 –, que quando o livro foi inicialmente publicado não havia desenvolvido o tema da norma fundamental:

> "Uma importante modificação realizada no sistema da teoria pura do direito com respeito à sua primeira versão, tal como aparece na presente obra, consiste em que o conhecimento estático do direito que, em princípio, se sustentou como método exclusivo, se vê completado por uma consideração de tipo dinâmico". "A ideia da norma fundamental como constituição no sentido lógico-jurídico foi desenvolvida principalmente por Alfred Verdross (...) que reconheceu a norma fundamental como uma hipótese relacionada ao material do direito positivo analogamente à hipótese da ciência natural. Uma importante contribuição à questão da determinação da norma fundamental como pressuposto do conhecimento jurídico foi desenvolvida por Leônidas Pitamic. (...) Com base nos trabalhos de Merkl e de Verdross tenho tratado nos meus sucessivos escritos a teoria dos graus como um elemento essencial no sistema da teoria pura do direito."[33]

De todo modo, importa assinalar que mesmo que não tenha sido Kelsen a expor o tema da norma fundamental em termos iniciais, tendo dela feito uso em seus trabalhos imprimiu-lhe elaboração pessoal.

De fato, Kelsen, atento aos escritos de Emmanuel Kant, encontrou na teoria da norma fundamental expressiva relação. Porque Kant enfatizou que enxergamos o mundo através de nossos sentidos, com os nossos "óculos", e que nosso alcance não é o dos "objetos como eles são". Ou seja, Kelsen se submete à influência de Kant no específico da compreensão deste de haver, em qualquer ramo do conhecimento, alguma pressuposição. Segundo Kant, o trabalho de se encontrar os elementos universais do conhecimento não se dá sem alguma pressuposição, através da qual todo o resto obtém sentido ao seu observador.[34]

Isto o que diz Kelsen já na primeira versão do livro *Teoria Pura do Direito*, ano de 1934:

> "A teoria pura do direito é teoria do direito positivo, portanto, da realidade jurídica; ela transpõe o princípio da lógica transcendental de Kant, vendo no dever, no Sollen, uma categoria lógica das ciências sociais normativas em geral e da ciência do direito em particular."[35]

32. H. Kelsen (1920), p. IV e V.
33. H. Kelsen (1920), p. V.
34. E. Kant, *Crítica da razão pura*, B XVI; H. Kelsen (1960), p. 225.
35. H. Kelsen (1934), p. 60.

Na edição francesa de 1953 – versão considerada de transição em relação às de 1934 e 1960 –, apenas insiste Kelsen no caráter essencialmente formal e dinâmico da norma fundamental do ordenamento para distingui-la da que corresponde ao ordenamento moral, afirmada como de índole estática: "A Teoria Pura do Direito atribui à norma fundamental o papel de uma hipótese básica. Partindo do suposto de que esta norma é válida, também resulta válido o ordenamento jurídico que lhe está subordinado".[36]

Na segunda edição, ano de 1960, encontra-se a formulação mais bem cuidada da norma fundamental, ainda que afirme Kelsen não dever ser ela considerada "uma exposição em termos definitivos".

Diz Kelsen:

> "Na medida em que só através da pressuposição da norma fundamental se torna possível interpretar o sentido subjetivo do fato constituinte e dos fatos postos de acordo com a Constituição como seu sentido objetivo, quer dizer, como normas objetivamente válidas, pode a norma fundamental, na sua descrição pela ciência jurídica – e se é lícito aplicar *per analogiam* um conceito da teoria do conhecimento de Kant –, ser designada como a condição lógico-transcendental dessa interpretação. Assim como Kant pergunta: como é possível uma interpretação, alheia a toda metafísica, dos fatos dados aos nossos sentidos nas leis naturais formuladas pela ciência da natureza, a Teoria Pura do Direito pergunta: como é possível uma interpretação, não reconduzível a autoridades metajurídicas, como Deus ou a natureza, do sentido subjetivo de certos fatos como um sistema de normas jurídicas objetivamente válidas e descritíveis em proposições jurídicas? A resposta epistemológica (teórico-gnoseológica) da Teoria Pura do Direito é: sob a condição de pressupormos a norma fundamental: devemos conduzir-nos como a Constituição prescreve, quer dizer, de harmonia com o sentido subjetivo do ato de vontade constituinte, de harmonia com as prescrições do autor da Constituição." (H. Kelsen. TP2, p. 225.)

9. Kelsen se apoia em Kant

Kelsen sustenta que a teoria da norma fundamental desempenha papel similar ao exercido pelas categorias do entendimento de Kant. Para se compreender este aspecto da teoria de Kelsen, dois pontos devem ser explicados: a) em que consiste esta "teoria do conhecimento de Kant" que Kelsen afirma aplicar "por analogia"; e b) o que significa "condição lógico-transcendental do conhecimento" que Kelsen predica à norma fundamental.

Ao se perguntar qual o valor dos nossos conhecimentos e o que se deve entender por conhecer, Kant se pergunta o que pode ser conhecido legitimamente e que tipo de conhecimento não tem fundamento plausível.

36. H. Kelsen (1953), p. 116-117.

O objetivo de Kant era o de superar as duas possibilidades explicativas comuns à época por considerar serem insatisfatórias: por um lado, o racionalismo; por outro, o empirismo.

Superar o "racionalismo" porque não considerava adequado o entendimento segundo o qual "tudo quanto pensamos vem de nós mesmos", pois há pontos externos a nós; superar o "empirismo" porque não considerava correto o entendimento de que "tudo o que conhecemos vem dos sentidos", como se nada houvesse em nós que participasse do ato de conhecer participando da construção do objeto. A partir deste ponto, Kant afirma ser o conhecimento integrado de matéria e forma. A "matéria" do conhecimento são as coisas; a "forma" do conhecimento somos nós.

O que Kant está a dizer é que, se para "conhecer" precisamos da "matéria", ou seja, "das coisas", esta experiência não será nada se não for organizada por "nossa sensibilidade", isto é, pela "nossa forma". Porque, para conhecer algo, precisamos partir das noções de "tempo" e de "espaço", e ambas não existem na realidade externa perceptível aos olhos. Por isso os designa de "*a priori*". O termo "*a priori*" significa não passível de falsificação pela experiência. Assim, Kant emprega o termo "*a priori*" em oposição ao termo "*a posteriori*", termo este com o qual expressa o conhecimento adquirido com base na experiência. Portanto, Kant defende não haver conhecimento possível sem o uso de certos conceitos básicos "*a priori*" (aos quais chama de "categorias").[37] Estas categorias são colocadas pelo próprio sujeito, não são decorrências da experiência.

Quanto às nossas experiências, Kant afirma não ser possível conhecê-la em si (coisa-em-si). Isso porque participamos da construção do que conhecemos. Portanto, nosso olhar é ordenador do mundo; o mundo não parte dele mesmo ordenado em nossa direção.

Diz Kant:

> "Até hoje se admitia que o nosso conhecimento se devia regular pelos objetos; porém, todas as tentativas para descobrir a priori, mediante conceitos, algo que ampliasse o nosso conhecimento, malogravam-se com este pressuposto. Tentemos, pois, uma vez, experimentar se não se resolverá melhor as tarefas da metafísica, admitindo que os objetos devessem ser regulados pelo nosso conhecimento, o que assim já concorda melhor com o que desejamos, a saber, a possibilidade de um conhecimento a priori desses objetos, que estabeleça algo sobre eles antes de nos serem dados. Trata-se aqui de uma semelhança com a primeira ideia de Copérnico; não podendo prosseguir na explicação dos movimentos celestes enquanto admitia que toda a multidão de estrelas se movia entorno do espectador, tentou se não daria melhor resultado fazer antes girar o espectador e deixar os astros imóveis." (Kant, CRP, B XVI.)

37. E. Kant, *Crítica da razão pura, prefácio da segunda edição*, B 102-106.

Tendo-se entendido que na teoria do conhecimento de Kant o sujeito que conhece um objeto participa da construção desse conhecimento através das categorias que utiliza, é possível entender, agora, o significado de "lógica-transcendental".

"Transcendental", para Kant, significa "o que é anterior a toda a experiência"; o "ponto de vista que considera as condições de possibilidade de todo o conhecimento". Portanto, por "lógica-transcendental" se deve entender a forma de pensar construída a partir de estruturas que "independem da experiência" e que, ao mesmo tempo, fiquem "adstritos ao que é possível de se conhecer".

Escreve Kant:

> "Na presunção de que haja porventura conceitos que se possam referir a priori a objetos, não como intuições puras ou sensíveis, mas apenas como atos do pensamento puro e do conhecimento de razão pela qual pensamos objetos absolutamente *a priori.* Tal ciência, que determinaria a origem, o âmbito e o valor objetivo desses conhecimentos, deveria chamar-se lógica transcendental, porque trata das leis do entendimento e da razão, mas só na medida em que se refere a objetos *a priori* e não, como lógica vulgar, indistintamente aos conhecimentos da razão, quer empíricos quer puros." (Kant, CRP, B 82.)

Como Kant, Kelsen concebe as normas jurídicas sob uma única ideia ou razão. Se se pode encontrar em Kant um esforço com vistas a se chegar a "uma razão legisladora para ordenar a natureza", Kelsen com a norma fundamental deseja obter "a razão legisladora para o conhecimento jurídico": ou seja, se se assume que a constituição não mais em disputa é válida, torna-se possível descrever as normas jurídicas a partir dos critérios de produção de normas (competências, procedimentos e temas) estabelecidos por esta constituição.

Segundo Kelsen, é isto que a norma fundamental oferece a todo aquele que quer saber quais são as normas jurídicas de um ordenamento jurídico: ela é a suposição necessária que se deve ter para organizar o olhar do observador de um determinado conjunto normativo. Trata-se de uma afirmação hipotética: se assumimos que a norma inicial N (a constituição C de OJ) é válida, N1, N2, N3, N_N serão válidas.

Mas, se a norma fundamental nada mais é do que a suposição de haver uma norma a partir da qual todas as demais podem ser identificadas em sua sequência de validações, é plausível perguntar o que impede de se assumir uma norma que valide o comando de um bando de salteadores de estradas considerando que a norma fundamental é uma suposição, em princípio, eleita pelo observador da ordem jurídica.

Esta a questão: o que aproxima os "observadores" nessa escolha quando descrevem as normas jurídicas de um país?

10. Eficácia global da ordem jurídica e revolução

Foi dito haver um momento em que se deveria supor a validade da constituição não mais em disputa. Mas a partir de quando uma constituição pode ser considerada não mais em disputa em uma ordem jurídica? A isto Kelsen responde: quando a ordem jurídica for "globalmente eficaz". Mas, como se pode verificar esta eficácia global?

Segundo Kelsen, dois são os testes a serem seguidos: 1) tentar obter a comprovação de que as normas estão servindo de parâmetro de obediência para os seus destinatários; e 2) caso não estejam sendo obedecidas, analisar se os funcionários encarregados de aplicá-las as estão aplicando.

O primeiro teste é respondido de modo afirmativo quando se conclui, por exemplo, que a norma N está servindo de referência para a conduta X, isto é, que os destinatários da norma N as estão respeitando. O segundo teste encontra satisfação se se responde que os funcionários estão punindo aqueles que não respeitam a norma N. Se a resposta for positiva, o ordenamento jurídico é eficaz neste particular.[38]

Segundo Kelsen, estes testes ajudam a entender a sorte dos conjuntos normativos, como, por exemplo, o impacto dos golpes e das revoluções.

Aqui um exemplo: imagine-se um juiz J que esteja diante de uma legislação produzida de assalto por um regime golpista. O juiz J tem duas opções: ou considera o novo referencial de validade (a constituição outorgada pelo regime golpista), ou o rejeita, afirmando ser este referencial irregular porque ilegítimo na origem. A decisão deste juiz J e o comportamento dos destinatários gerais determinará, segundo Kelsen, a sorte do regime anterior. Eles podem resistir. Podem, atendendo a juízos de foro interno, realizar atos heroicos. Inclusive, a disputa de força entre a nova ordem e o grupo que defende a ordem anterior pode se prolongar no tempo. Responder quando, nessa situação, deve-se atribuir validade à constituição outorgada não é questão tranquila e não cabe perguntar, à teoria pura, o seu momento, porque este assunto concerne à realidade política e à disputa militar. O teórico aqui não encontra condições estáveis para dizer quais são as normas jurídicas em vigor naquela ordem jurídica. A instabilidade política da constituição em disputa não possibilita isso.

Assim, apenas quando não mais houver disputa sobre a referência da constituição (seja por ter prevalecido o regime golpista, seja por ter vencido a resistência) é que esta poderá ser tida como a norma positiva primeira. Ou seja, a eficácia global da ordem jurídica é condição "*sine qua non*" para essa determinação. É condição "sem a qual" porque, sem os fatos, não há a materialidade do direito; não

38. H. Kelsen (1960), p. 12.

há "dever" sem "ser". E o para onde a norma fundamental aponta não é escolha arbitrária, ela depende dessa condição fática.[39]

De tudo resulta que toda vez que for alterada a referência de fato (a referência política de instituir-se uma constituição) sobre o qual a norma fundamental repousa, ela mesma muda. Diz Kelsen: "A modificação da norma fundamental segue-se à modificação dos fatos a serem interpretados como criação e aplicação de normas jurídicas válidas".[40] Mas, que dizer quanto à injustiça do ato usurpador?

11. Justiça no tribunal da ciência

Kelsen entende que não cabe à ciência responder o que é "justo" ou conforme a "justiça". A teoria pura do direito, como teoria, tem por tarefa apresentar critérios objetivos para que se possa descrever as normas de uma ordem jurídica; ela não se ocupa da avaliação moral ou da validade moral particular dos regimes políticos e nem mesmo estabelece tais critérios de avaliação moral; esta é uma tarefa da política e dos seus destinatários, não do cientista do direito. Este, como tal, cumpre a tarefa de informar o que ocorreu, quais as mudanças normativas, e o que foi mantido.

Dois aspectos da vida de Kelsen nos ajudam a compreender esta sua postura.

Em primeiro lugar, a herança de um antigo professor seu, Max Weber.[41] Com Weber, Kelsen parte da ideia de que os juízos de valor são subjetivos e, portanto, apenas refletem os desejos, temores e anseios de quem os formula.

Em segundo lugar, como a percepção do justo mantém laços com nossos desejos e temores, o conhecimento total do justo se vê impossibilitado pela oscilação de opiniões. E, se acaso se entender o valor do "justo" como "absoluto" (e não relativo àqueles que opinam), sempre o agente irá se deparar com as alterações históricas de seu conteúdo. Daí ser impossível elaborar uma concepção que seja exaustiva e não contraditória.

Portanto, uma coisa é a ciência do direito; outra, a política. Ao cientista do direito cabe fornecer um conhecimento seguro a respeito de seu objeto, as normas jurídicas, informando quais são válidas, quais não são. Já a elaboração das normas cabe à política, bem como ao eventual apoio ou resistência dos seus destinatários. Mas ainda que assim seja, diz Kelsen, uma política consentânea com a diversidade de valores é viável apenas na democracia; um modelo de decisão cuja base seja a "tolerância" e a "igualdade".[42]

Assim, pode-se retomar o caso do Juiz J e seu dilema.

39. H. Kelsen (1960), p. 225.
40. H. Kelsen (1960), p. 224.
41. M. Weber (1967), p. 38-39.
42. H. Kelsen (1955-1956), p. 201-203. Para isso, Capítulo 7, "O Pensamento Político de Hans Kelsen".

Empregando a teoria de Kelsen, sabe ele, o Juiz J, identificar as normas do regime golpista e pode, inclusive, aplicá-las; basta seguir o estabelecido pelas normas de competência firmadas de assalto. Mas também sabe o Juiz J que não precisa ser necessariamente assim. Porque uma coisa é "conhecer" as normas (tarefa descritiva) do regime golpista; outra, "ter" que "obedecer" o que estas normas estabelecem (questão política e moral do juiz). No primeiro ato utiliza o juiz o "conhecimento" técnico que possui para saber quais são as normas daquela ordem jurídica; no segundo ato, pode atuar ou não conforme estas normas e o novo regime. Dessa forma, a sorte da ordem jurídica, segundo Kelsen, está a depender, em última análise, do comportamento do Juiz J, dos demais juízes da ordem jurídica, e dos destinatários gerais das normas em análise. É a partir do ato deles que se firmará ou não novo referencial de validade.

É claro que este relativismo implica incertezas quanto às escolhas pelos conteúdos normativos. No entanto, diz Kelsen: "É da natureza e da honra da democracia arcar com tal perigo; e se ela não puder fazê-lo não será digna de ser defendida."[43] Não cabe à teoria pura dizer o seu destino.

12. Ciência jurídica

Assim, todos os elementos estão apresentados por Kelsen para a formulação de sua "ciência jurídica".

Imaginemos a seguinte situação. Afirmo que "chove". Ao olhar pela janela, a pessoa que está perto de mim diz que eu estou errado, que o conhecimento que comuniquei é falso. E é falso porque, olhando pela janela, pode-se ver que faz sol, não havendo qualquer nuvem no céu. Ou seja, o conhecimento transmitido foi "controlado" pelo critério empírico, o "controle" dos "olhos".

Todavia, o controle de que necessita Kelsen não é o controle empírico. Porque quando alguém pergunta o que pode ocorrer comigo se eu matar o meu vizinho, esta é apenas uma situação ainda não ocorrida cuja resposta encontra-se em algo que não pode ser constatado pelos sentidos: a norma jurídica.

Assim, Kelsen sugere um "controle regido por regras" como o adequado, isto é, o mesmo tipo de controle utilizado, por exemplo, pela matemática. Para se verificar se o conhecimento jurídico transmitido está correto, deve-se partir do critério de validade como controle. Por isso dizer Kelsen que "validade é a específica existência de uma norma". Segundo Kelsen, se uma norma tiver sido produzida corretamente (isto é, atendidas as exigências de produção normativa) ela é válida naquele ordenamento jurídico e, assim, existe neste mesmo ordenamento jurídico. O que o teórico deve fazer é descrever estas normas que são válidas. Se fizer isso ele, o teórico, estará transmitindo um conhecimento verdadeiro. Caso contrário, estará transmitindo um conhecimento que é falso. Sendo que o critério para a pro-

43. H. KELSEN (1957), p. 25.

dução das normas é fornecido pelo próprio ordenamento jurídico, pela constituição da ordem jurídica que é globalmente eficaz.

Assim, em resposta à pergunta sobre "o que pode acontecer se eu matar alguém" o jurista, por sua vez, deve responder: "Conforme o direito penal brasileiro, se você tirar a vida de alguém sem qualquer justificativa legal, a pena aplicável é de 6 a 20 anos de reclusão". E este ponto é crucial: é crucial porque ciência não é adivinhação. Por isso, Kelsen, para fornecer credibilidade ao seu método, não deixa o jurista sem alguma submissão a teste, algum critério de "investigação controlada".[44] Portanto, ao dizer "deve", encontra-se no conjunto da teoria de Kelsen que o jurista não expressa a sua ideologia: pode até repugnar-lhe a hipótese, mas em sua previsão, o cientista do direito apenas descreve as condições e as consequências nos termos do critério de verificação. Com este controle, o jurista pode antecipar acontecimentos, antevendo o que é aplicável e o que não é aplicável ao caso.

Especificamente, Kelsen designa estas descrições de "proposições jurídicas". E afirma que as proposições jurídicas verdadeiras são análogas às leis naturais formuladas pelas ciências naturais, tratando-se de enunciados similarmente comprováveis: descrevendo apenas normas válidas, o cientista do direito encontra subsídios para afirmar que, sob determinadas condições, um ato é lícito ou ilícito.

Por outras palavras, se a água evapora a 100° Celsius, isso significa que, atendendo determinadas condições, a água evaporará; permitindo, objetivamente, antever a sua fervura. Se um determinado agente coloca-se em dada situação, o órgão estatal, vencidos todos os procedimentos estabelecidos para tanto, encontra-se autorizado a puni-lo. Da mesma maneira que a água sempre evaporará a 100° Celsius, todo sujeito que se colocar em dada situação possibilitará a mobilização punitiva do Estado. A hipótese do jurista é igualmente verificável, entende Kelsen: a ciência jurídica afirma, sob determinadas condições, ser a conduta de um indivíduo socialmente positiva ou negativa e qual a consequência.

O cientista, com isso, apenas trabalha com dados verdadeiros e, por conseguinte, seguros. E estes dados serão verdadeiros se e somente se as normas por ele descritas forem normas válidas dentro do ordenamento jurídico.

Portanto, uma coisa é o direito como conjunto de normas; outra coisa é a sua descrição. Enquanto o "direito" estabelece uma relação de "autoridade", a "ciência jurídica" firma uma relação de "conhecimento", pretende descrever aquilo que os "legisladores", como legisladores, produziram validamente e o que significa.

Feita a distinção entre norma jurídica e a proposição jurídica, Kelsen sustenta que os princípios da lógica são aplicáveis diretamente às proposições jurídicas e, por seu intermédio, indiretamente, às normas.[45]

44. E. Nagel (1961), p. 13-24.
45. H. Kelsen (1945), p. 84.

Sobre a aplicação da lógica ao direito, algumas questões fizeram com que Kelsen se correspondesse com Ulrich Klug. Quanto a isso, tendo sido iniciado esse contato com uma carta remetida por Kelsen a Klug datada de 6 de março de 1959, e ultimado em 28 de julho de 1965, nosso autor refletiu sobre o assunto "lógica e direito" até seu falecimento. Esta informação pode ser constatada nas reformulações sobre o quadro geral do projeto da teoria pura levadas a efeito por Kelsen com a obra *Teoria Geral das Normas*.

Por fim, infere-se a possibilidade de haver "direito" independentemente da existência da "ciência jurídica", dado que são instâncias independentes: pode haver normas postas e não existir a preocupação de "fazer ciência" com o material de que se dispõe, isto é, descrevê-las com algum critério de controle do que se afirma.

13. Conclusões

a) A teoria pura do direito consiste no projeto de Kelsen de elevar o conhecimento jurídico ao patamar de conhecimento científico;

b) A teoria pura do direito é uma teoria "pura" do "direito" e, não, do "direito puro". Kelsen distingue o campo da política, cuja tarefa é valorar e produzir normas, do campo da ciência do direito, cujo propósito é o de apresentar um conhecimento que seja descritivo do fenômeno normativo, de modo controlado, tornando, assim, possível a previsão de possíveis ocorrências normativas futuras em atenção a condutas;

c) Problemático, contudo, é que o objeto da ciência jurídica, como estrutura de dever, não se diferencia, em essência, das estruturas de dever da moral e da religião. Por conta disso, Kelsen estabelece três pontos de delimitação das normas jurídicas: elas são instrumentos de "motivação indireta", respaldadas na "força monopolizada pelo Estado", e pertencentes ao "mundo da cultura", ao "mundo da vontade e contingência humanas";

d) As normas jurídicas, como resultado de valorações e da política jurídica, mudam. Isto é devido à própria mudança de valores e discussão política, seja em comunidades distintas e comparadas, seja na mesma comunidade a partir de certa projeção de tempo;

e) "Fundamentar" o direito significa responder quais normas são "jurídicas" para o ordenamento jurídico que se analisa. Portanto, esta relação de fundamentação é importante para destacar o que é "relevante" para o direito de um determinado país e o que não é. Segundo Kelsen, há dois tipos de fundamentação: fundamentação estática (que constitui os conjuntos normativos estáticos: como os morais) e fundamentação dinâmica (que constitui os conjuntos normativos dinâmicos: como os jurídicos). A fundamentação estática caracteriza-se pela derivação por deduções ou inferências. Ou seja, de conteúdo para conteúdo normativo; a fundamentação dinâmica, pelo exercício de competências e de competências delegadas;

f) A constituição jurídico-positiva é a norma que estabelece os critérios a partir dos quais uma norma deve ser considerada jurídica. Ela assenta os padrões que, de norma para norma, mediante relações de normas superiores-fundantes e inferiores-fundadas, permitem a leitura do exercício dos poderes jurídicos;

g) A norma fundamental corresponde ao pressuposto que possibilita partir-se de uma constituição como referencial de validade das normas. Segundo Kelsen, deve-se considerar como válida a constituição histórica primeira criada por um ato constituinte não mais em disputa;

h) A eleição da constituição histórica primeira não é arbitrária. Deve-se considerar como tal aquela que servir de referência para uma ordem jurídica globalmente eficaz. Há dois testes para se verificar a eficácia global da ordem jurídica: 1) deve-se analisar se os destinatários gerais estão cumprindo as prescrições jurídicas. Se, em relação a eles, houver mais ampla obediência do que desobediência, esta ordem é globalmente eficaz; 2) caso as normas não estejam sendo respeitadas pelos destinatários gerais, deve-se analisar se os órgãos aplicadores estão aplicando as sanções. Se os órgãos aplicadores estiverem aplicando mais as sanções do que as desconsiderando, a ordem jurídica é globalmente eficaz;

i) Não cabe à teoria pura do direito dizer o que é o justo. A justiça ou a injustiça das normas cabe ser avaliada pelos destinatários, pelos juízes, e pelos atores partícipes das mobilizações políticas. Cumpre à teoria pura do direito apenas fornecer instrumental para a descrição das normas produzidas nas ordens jurídicas. A teoria pura "não prescreve", ela não diz, ao homem, "como ele deve pautar o seu destino";

j) Considerando questionamento sobre a consequência de um ato, cabe ao jurista dizer as possibilidades jurídicas estatuídas na ordem jurídica em questão. De modo semelhante ao cientista da natureza, mas empregando o controle por coerência, o jurista deve descrever as normas criadas conforme as regras de produção jurídica. Se, porventura, descrever norma inválida a partir dos critérios fornecidos pela ordem jurídica, o conhecimento que transmite será falso; caso realize a descrição de uma norma válida nos termos dos critérios de produção jurídica, o conhecimento transmitido será verdadeiro. Kelsen, assim, propôs uma técnica de leitura das possibilidades normativas da ordem jurídica em relação aos prováveis eventos, dela, decorrentes.

2

KELSEN E O PROBLEMA DA DIVISÃO ENTRE DIREITO PÚBLICO E DIREITO PRIVADO

1. Palavras iniciais

Tradicionalmente, as relações jurídicas se dividem em relações de direito público e relações de direito privado. A partir desta distinção foi construída a base da sistematização do direito. Assim é que, por um lado, fala-se em direito constitucional, direito administrativo, direito tributário, direito processual etc., como matérias de direito público; e, por outro, no direito civil e comercial (ou empresarial) como matérias de direito privado (*tertium non datur*). Mas, apesar dessa distinção usual, e ainda que seja referida, com frequência, como a "espinha dorsal da sistemática da teoria do direito",[1] não há qualquer representação unitária nas inúmeras razões que se somam para justificá-la.

Em um interessante ensaio intitulado *Direito Público e Privado*, de 1924, Kelsen, aproveitando-se de algumas considerações específicas a respeito do assunto, procura explicitar as fragilidades das teorias tradicionais até eliminar toda e qualquer pretensão apolítica ou pré-política do direito privado, promovendo, por conseguinte, sua assimilação pelo direito público. É dizer, Kelsen entende que o direito privado não passa de mais um dos elementos intrínsecos à unidade do Estado.[2] Aliás, esta afirmação não é nova em seus estudos.

1. H. Kelsen (1924), p. 340.
2. H. Kelsen (1924), p. 340.

No ano de 1911, Hans Kelsen, que ainda não havia completado seus 30 anos de idade, publica a obra *Problemas Fundamentais do Direito Público*, reeditada em 1923. Desde a primeira edição, Kelsen dedica algumas passagens ao tema da distinção entre direito público e direito privado. Invariavelmente, ainda que ao longo dos anos tenha acrescentado argumentos, a posição de Kelsen é a mesma: todos os esforços de comprovação dessa distinção são inúteis para a teoria do direito.[3] Porque, segundo entende, a divisão do direito em direito público e privado decorre de um emaranhado de argumentos infundados.

Para sustentar sua posição, Kelsen localiza na tendência de o homem assumir projeções metafísicas como a raiz de todo o problema. Diz Kelsen: "Trata-se somente de um caso particular da 'tendência universal do pensamento' de se transformar aquilo que não passa de mero instrumento do conhecimento em 'outro objeto do conhecimento'."[4]

Assim, para Kelsen, afirmar que há um direito público e um direito privado é tratar da mesma coisa com palavras diferentes. E, como esta prática é comum, deve-se explicitar a inconsistência de cada uma das teorias que a sustentam a fim de se alcançar uma teoria que evite tais enganos.

> "Como o dualismo de direito subjetivo e direito objetivo, também o de direito público (*öffentliches*) e direito privado provoca fraturas no sistema unitário do direito que forma este livro. Esse contraste, que domina toda a nossa sistemática científica, deriva da teoria romana do direito e é, como aquele entre direito objetivo e direito subjetivo, a máscara dentro da qual, na exposição do direito positivo, se insinuam certos elementos políticos, isto é, jusnaturalistas." (H. Kelsen, PF, p. 20.)

De todo modo, deve-se notar que há uma preocupação subjacente a afirmação de Kelsen: seu objetivo é o de elaborar "(...) uma única doutrina geral do direito e de conceitos jurídico-fundamentais unitários, comuns a todos os campos jurídicos...". E, se é assim, "(...) é necessário construí-los, em todos os campos, segundo os mesmos princípios metodológicos".[5]

2. As teorias tradicionais

Segundo Kelsen, pode-se dividir em três as grandes versões das teorias que sustentam a divisão entre direito público e privado:

(1) a teoria dos interesses;

(2) a teoria do direito cogente e direito não-cogente; e

(3) a teoria da superioridade.

3. H. Kelsen (1911), p. 11-12.
4. H. Kelsen (1922a), p. 7-8.
5. H. Kelsen (1911), p. 20-21.

2.1 O critério do maior interesse

A primeira teoria acentua o caráter coletivo das medidas do Estado contrapondo-a à tônica dos interesses privados dos indivíduos. Ao que parece, sua origem remonta ao direito romano, estando presente tanto nas Institutas de Justiniano ("*Publicum ius est, quod ad statum rei Romanae spectat, privatum, quod ad singulorum utilitatem pertinet*") quanto no Digesto, de Ulpiano ("*Publicum ius est quod ad statum rei romanae spectat, privatum, quod ad singulorum utilitatem*").[6] Assim, as normas de direito público seriam aquelas que tendem a proteger o interesse geral ou coletivo (porque a matéria é relativa ao grupo, à coletividade), ao passo que as normas de direito privado visam proteger o interesse particular ou individual (porque a matéria envolvida concerne aos membros do grupo singularmente considerados).

Entende Kelsen que esse critério peca pela falta de objetividade.[7] Para ele, não é possível separar, com exatidão, as normas que atendem aos interesses individuais, daquelas normas que atendem apenas aos interesses da coletividade. Cada norma jurídica serve a ambos os interesses ao mesmo tempo, pois "(...) sempre que uma regra protege um interesse individual é de interesse coletivo".[8] Isso porque, o interesse coletivo não é um interesse diverso do individual; a única diferença é de foco.

Caso se considere uma norma que dispõe sobre o mútuo, pode-se até pensar que ela, a norma jurídica, atende a interesses privados; mas não se pode perder de vista que a proteção jurídica que o negócio jurídico envolve é de indissociável interesse público. E, caso se pense nas prescrições de direito penal, deve-se observar que, muito embora haja interesse público, nada está a impedir que também haja interesse privado na aplicação da sanção, o que normalmente ocorre se se pensar no ponto de vista do lesado.

Exatamente por isso, afirma Kelsen que "(...) para a qualificação jurídica das normas não tem nenhuma importância a finalidade para que servem, como para distinguir uma pintura de outra não é critério o preço atribuído".[9] Fosse assim, aquelas normas que atendessem tanto a interesses privados como públicos deveriam ser consideradas "normas de meio termo", dado o interesse médio que se poderia atribuir a elas, em virtude do atendimento tanto aos fins privados quanto aos públicos.[10]

6. Institutas, 1.1.4.: "Direito público é o que concerne à constituição do Estado Romano; privado, o que considera a utilidade dos particulares"; Digesto, 1.1.1.2.: "O direito público diz respeito ao estado da coisa romana, o privado à utilidade dos particulares."

7. H. Kelsen (1924), p. 341.

8. H. Kelsen (1924), p. 341.

9. H. Kelsen (1924), p. 341.

10. H. Kelsen (1924), p. 342.

De mais a mais, importa destacar o desvio de atenção nessa estratégia classificatória: ao invés de se fornecer uma divisão de normas, o que claramente ocorre é que se fornece uma distribuição de pretensos fins que o legislador pode propor-se a perseguir em sua tarefa de elaborar determinações de conduta.

2.2 O critério da superioridade

Segundo Kelsen, algumas teorias procuram ainda estabelecer a diferença entre o direito público e o privado fazendo uso de critérios que podem ser considerados em seu conjunto como "critérios de superioridade". Mesmo que, de um modo ou de outro, assumam posturas diversas para explicar em que consiste essa "superioridade" e qual a razão para assim considerar a posição do Estado diante dos indivíduos, certo é que todas alcançam a mesma conclusão: o Estado é superior ao indivíduo.

> "A diferença entre Direito público e privado, segundo outra teoria, é uma diferença entre relações jurídicas em que ambas as partes são iguais e relações jurídicas em que uma das partes é inferior a outra. Qualquer pessoa privada é igual a qualquer outra e é inferior ao Estado." (H. Kelsen. TGDE, p. 292.)

Embora essas teorias sejam de origem mais recente, não se pode dizer que tenham elas maior ou menor expressão que as teorias anteriores. De todo modo, os administrativistas normalmente as têm em conta. Uma dessas teorias considerada por Kelsen como relevante recebe o nome de teoria da "relação jurídica" ou teoria da "relação de potestade". Segundo essa construção, o direito privado regula as relações entre sujeitos de direito iguais (portanto, de coordenações), ao passo que o direito público trata das relações entre sujeitos de direito de *status* diverso, especialmente entre Estado e súdito (portanto, de subordinações).[11]

É dizer, para os autores que adotam essa teoria, a diferença está na distinta qualidade entre os sujeitos em apreço: por um lado, as "relações simples de direito"; por outro, as relações de "potestade". Assim, o Estado teria um valor jurídico superior.

Entretanto, apesar dessa distinção, frequentemente se diz haver situações em que o Estado atua como um igual às pessoas privadas. Esse é o caso em que o Estado age na condição de proprietário, credor ou devedor. Aqui, afirma Kelsen, o Estado é considerado como sujeito do direito privado, tendo em vista que se encontra em nível de igualdade com as pessoas privadas.

Assim, afirma nosso autor, o equívoco teórico encontra-se no próprio ponto de partida assumido pelos subscritores dos critérios de superioridade. É que a relação de direito não decorre de uma qualificação jurídica de relações existentes entre

11. H. Kelsen (1924), p. 343.

os sujeitos diversos, pois os sujeitos fazem parte da mesma ordem jurídica da qual são personificações de certo conjunto de normas.[12]

Desse modo, a única distinção admissível como fundada é aquela que tem por informação elementar a origem normativa a partir da qual essas personificações são constituídas.

Com isso, a força obrigatória da manifestação de vontade envolvida nada tem a ver com uma pretensa superioridade de uma pessoa com respeito à outra, mas resulta, simplesmente, de uma regra geral segundo a qual as relações jurídicas constituem condição de certos efeitos jurídicos.

2.3 Teoria do direito cogente e não-cogente

O mesmo pode ser dito das teorias que assumem o caráter impositivo ou não impositivo de determinadas normas para diferenciar o direito público do privado, como ocorre na classificação de normas em cogentes e não-cogentes.[13]

Por "normas cogentes" são identificadas as normas que se impõem de modo absoluto aos seus destinatários, não sendo possível, desse modo, mudar ou impedir sua aplicação; já quando "não-cogentes", as normas permitem aos particulares livremente dispor sobre seus interesses privados (que, aliás, como compreensão, tudo indica ser, também, de origem romana: "*Ius publicum privatorum pactis mutari non potest*"; "*privatorum conventio iuri publico non derogat*").[14] Como consequência, caso se confronte as normas cogentes e as não-cogentes, temos novamente a afirmação da teoria da superioridade, agora transmutada em superioridade das normas cogentes comparadas com as não-cogentes.

Todavia, Kelsen observa que as normas cogentes e as não-cogentes estão presentes tanto no chamado ramo do direito público quanto no ramo do direito privado.

Neste caso, as normas cogentes recebem o nome de "normas de ordem pública", ainda que façam parte de um diploma considerado do direito privado. Mais uma vez, entende Kelsen, o critério deixa de ser preciso. Afinal, quantas normas cogentes são necessárias para transformar uma codificação em direito privado?

3. A questão política envolvida

Pensando-se nas relações implicadas pelos negócios jurídicos, é fácil compreender a reflexão de Kelsen: ambos os sujeitos, ao formarem um negócio jurídico, estão manifestando vontades que, ao menos em tese, são paritárias.

12. H. Kelsen (1924), p. 344.

13. H. Kelsen (1924), p. 342.

14. Digesto 2.14.38: "O direito público não pode ser mudado pelos pactos particulares"; Digesto 50.17.45.1.: "A convenção de particulares não derroga o direito público."

Mas que dizer quando o segundo deve obediência ao primeiro, podendo, inclusive, fazer uso de atos coercitivos licenciados pelo direito?

Conforme observa Kelsen, tanto uma eventual ordem administrativa como um contrato, mantém assento, em último plano de consideração, na constituição jurídico-positiva. Portanto, quando o direito prescreve que se "deve obedecer a ordem de um determinado grupo de agentes", ou "que os contratos devem ser observados", e estabelece para o caso de eventual desobediência que uma sanção deve ser aplicada, o que está ocorrendo é que o castigo que deve ser aplicado ao desobediente da ordem, e o castigo que deve ser aplicado ao descumpridor do contrato, exigem, como condição para ambas as obrigações, uma vontade que apenas continua o processo de criação do direito, i.e., o processo de individualização de normas gerais.[15]

Nestes termos, a ordem superior e o contrato não são outra coisa que duas manifestações de normas individuais, pois tanto uma ordem advinda do Estado, como a *lex contractus* decorrem de concretizações de normas hierarquicamente dispostas: primeiro, a constituição; depois, a lei; na sequência, a vontade das partes instituidora do contrato.

> "O dever de pagar um empréstimo origina-se do contrato entre devedor e credor. A ordem jurídica delega aos indivíduos a regulamentação de suas relações econômicas por meio de contratos. Ou seja, a ordem jurídica estipula: 'Se dois indivíduos fazem um contrato, se um deles rompe, e se outro move uma ação contra o primeiro, então o tribunal deve executar uma sanção contra o primeiro'. Com base nesta norma geral, a obrigação do indivíduo é determinada pela norma individual que o contrato cria. Essa norma individual é de natureza secundária e pressupõe a norma geral acima mencionada." (H. Kelsen. TGDE, p. 293.)

Dessa forma, toda superioridade dos personagens é igualada diante da ordem jurídica; todo valor originário e constitutivo diverso do prescrito pela ordem jurídica é banido.

Assim, na teoria de Kelsen, não há espaço para outra hierarquia que não a hierarquia normativa: o comando superior do direito público, bem como o negócio jurídico do direito privado são fatos previstos por normas gerais, e não propriamente relações entre pessoas que se diferenciam pela posição assumida (porque elas são tão-somente meios auxiliares de aplicação das normas).

Por conseguinte, os chamados agentes do direito privado e os agentes do direito público devem suas posições a situações normativamente regradas. As manifestações de vontade privadas ou públicas, bilaterais ou unilaterais, todas elas são estados de fato contemplados pelas normas, estados de fato que, na ocorrência de determinadas condições, a norma estabelece que há uma obrigação a ser cumprida; e, no caso de sua inobservância, uma sanção deve ser aplicada.

15. H. Kelsen (1924), p. 345.

Com efeito, qualquer tentativa de separação encontra, em Kelsen, a força de suas palavras: "Esse dualismo é logicamente insustentável, não tem significado teórico, apenas ideológico".[16]

A partir dessa formulação, a obrigação e a sanção são tributárias das normas e não das personificações de vontade unilaterais ou bilaterais, públicas ou privadas. E as manifestações de vontade compõem "(...) a continuação da vontade estatal, isto é, do conteúdo do ordenamento jurídico, uma contínua concretização das normas gerais e abstratas em normas individuais e concretas".[17] Da parte do Estado, a mera obediência ao ordenamento jurídico pelos agentes (funcionários) de seu aparato burocrático, os seus órgãos; da parte dos agentes individuais, a realização do que está permitido pela ordem jurídica como esfera de livre atuação; suas liberdades normativas.

Enfim, com um único golpe, Kelsen põe também fim à ideia segundo a qual a administração, sede dos atos do direito público, pode fazer o que quer, já que detém a força.[18]

4. Os particulares como criadores de normas

Observando-se tudo mais de perto, as críticas de Kelsen relativas à divisão entre o direito público e o direito privado possibilitam a análise entre maior e menor participação dos sujeitos no que diz respeito à produção das normas que os obrigam, o que coloca em evidência a importância destas críticas para a teoria política.

Aliás, outra não é a tônica presente na primeira edição da *Teoria Pura do Direito*, de 1934. Nesta obra, a compreensão do direito em público e privado encontra o seu equacionamento na estrutura de produção de normas, pois o direito privado é assimilado pelo aspecto normativo em sua atividade criadora; isso, no contexto do regime democrático de governo.[19]

Para Kelsen, o direito privado, como parte do método de produção normativa, é "uma esfera de ação da soberania não menor do direito público, produto da legislação e da administração".[20] Desse modo, qualquer pretensão de assentar superioridade entre os operadores ("públicos ou privados") corresponderá à tendência autocrática de governar, de maneira que a dicotomia entre direito público e privado é reduzida à outra oposição: a de governos autocráticos e democráticos.

A partir disso, tão-somente nos regimes autocráticos haverá margem para se pensar num direito privado separado do público, onde a figura onipresente é de um agente dominador, e não de sujeitos coobrigados a uma ordem jurídica comum como titulares de obrigações identificadas com um método de legislar, dado que

16. H. Kelsen (1934), p. 152.
17. H. Kelsen (1924), p. 346.
18. H. Kelsen (1924), p. 347.
19. H. Kelsen (1925), p. 99.
20. H. Kelsen (1924), p. 347.

tanto o direito público como o direito privado são expressões de um mesmo e unitário ordenamento jurídico.

> "Se se concebe a diferença decisiva entre o Direito público e o privado como diferença entre dois métodos de produção jurídica; se se reconhece que os chamados atos públicos do Estado são atos jurídicos como os negócios jurídicos privados; se se compreende, sobretudo, que a manifestação da vontade constitutiva da situação de fato jurídico produtora somente é em ambos os casos a continuação do processo de formação da vontade estatal, e que o mesmo ocorre na ordem cogente, e que o negócio jurídico privado somente consuma uma norma geral – ali de uma lei administrativa, aqui do Código civil –, de maneira alguma parecerá então tão paradoxal que a Teoria Pura do Direito, desde um ponto de vista universalista dirigido sempre à totalidade da ordem jurídica é a chamada vontade do Estado, percebe-se também que o negócio jurídico privado, como a ordem cogente, é um ato do Estado, é dizer, consiste numa situação fática de produção jurídica imputável a unidade do ordenamento jurídico." (H. Kelsen. TP1, p. 150.)

Substancialmente, o que Kelsen está dizendo é que a distinção entre direito público e direito privado equivale a uma antítese política de regimes: por um lado, de uma tendência política que se inicia na ideia da existência de um monarca *legibus solutus* do qual todos os órgãos encontram ascendência; por outro, a democracia onde os sujeitos encontram lugar para realizações das respectivas vontades, desde que estejam cumprindo as prescrições normativas que possibilitam o agir de cada um.

Assim, aqueles que sustentam qualquer diferença entre direito público e privado, principalmente aqueles que sustentam uma diferença de superior para inferior, para Kelsen, eles estão defendendo, em última análise, a prevalência da tradição autocrática diante da democrática. Porque a tradição democrática, para ser defendida – e essa é uma das ponderações mais significativas do texto "Democracia", ano de 1927 –, requer se admita que o direito apenas considere os sujeitos que possuem a faculdade de agir como entes reciprocamente disciplinados pelo ordenamento jurídico, sem diferenciações.[21] Todos são coparticipantes da concretização da ordem jurídica.

Opinando em definitivo ser o regime democrático o regime político que melhor atende as exigências do conhecimento científico, dado o seu caráter relativista quanto aos valores, Kelsen, principalmente no texto de 1920, "Essência e Valor da Democracia",[22] mas também em um texto de 1933, "Formas de Governo e Concepções de Mundo",[23] assume como referente teórico a base democrática de governo para todas as suas incursões.

21. H. Kelsen (1927), p. 15-17.
22. H. Kelsen (1920), p. 9 e ss.
23. H. Kelsen (1923-1924), p. 37 e ss.

Desse modo, Kelsen conclui que uma das consequências de sua teoria consiste em abolir não apenas a divisão entre direito e Estado, mas, em termos mais estreitos, qualquer tentativa diferenciadora entre o direito público e o direito privado. Tão importante é este aspecto em sua teoria que antevê problemas na visão existencial de superioridade da ação de um agente público em relação a de um agente privado ou particular: ela abre margem para pseudojustificações de rompimento, pelas forças do Estado, do próprio direito, cuja expressão mais comum é a teoria da "razão de Estado".

5. A "razão de Estado"

Como não se desconhece, o conceito de "razão de Estado" remete à compreensão de um campo teórico da política construído em termos de um "agir" separado das possibilidades do agir privado. É dizer, a teoria da razão de Estado é incompatível com a independência do juízo político do governante em relação ao juízo moral, caracterizando a superioridade do primeiro comparado com o último.

Segundo essa teoria, o homem político se encontra livre para perseguir seus objetivos sem precisar levar em consideração critérios morais, ocorrendo, dessa forma, um deslocamento da moral ou uma eliminação sua para que sejam alcançados certos fins.[24] Portanto, a doutrina da razão de Estado é análoga ao abandono ou ao posicionamento periférico dos imperativos jurídicos e morais para a consecução da finalidade política que não pode se encontrar atada a embaraços de outra natureza que não os de natureza estratégica, implicando, não raro, a amoralidade da ação do dirigente.[25]

Referindo-se especificamente à matéria, Kelsen traz o nome de Maquiavel.[26] De fato, na obra *O Príncipe*, Maquiavel afirma a "importância histórica" do "resultado" para o Príncipe, com o que os atos necessários para os fins políticos reclamam o rompimento com as concepções tradicionais de virtude e moralidade para a realização do empreendimento humano coletivo que o Estado tem por objetivo atender.[27]

Para Kelsen, a *ratione status* de Maquiavel não é outra coisa senão o resultado máximo da postura autocrática que abre margem para o descumprimento das competências, implicando atos ilegais do agente público.[28] Essa postura, que com frequência toma por base a imagem do Estado separado do direito, tenta justificar a ação daquele prescindindo deste, como se o Estado estivesse livre do direito. É desse aspecto que Kelsen extrai vínculos entre as fundamentações metafísicas e os Estados autocráticos. Como considera ser a invocação da razão de Estado uma das

24. S. Pistone (1983).
25. N. Bobbio (1989), p. 238.
26. H. Kelsen (1924), p. 355.
27. N. Maquiavel. *O Príncipe*, Capítulo XVIII.
28. H. Kelsen (1924), p. 355.

características dos Estados autocráticos, o predomínio dessa pretensa razão sobre a legalidade é expressão de um Estado todo poderoso.[29]

Além disso, Kelsen compara a razão de Estado à concepção teológica do milagre. Porque, se, através da pessoa de Cristo, Deus é chamado ao mundo para dele fazer parte e obedecer às regras que Ele próprio fez, mas ainda assim realiza atos que ultrapassam os limites físico-naturais, que são o milagre, o Estado concebido de um modo diferente do direito, mas a ele vinculado por uma "autovinculação", igualmente é capaz de romper com o direito existente mediante o "milagre jurídico", do qual uma das expressões é a razão de Estado.[30]

Como Kelsen defende que todo Estado identifica-se com o direito (e esse é o ponto crucial contra a teoria da razão de Estado, pois, se toda ação do Estado é ação jurídica, configura um contrassenso o ato que nega o direito existente), não apenas os milagres jurídicos não encontram espaço, como também a utilização do termo Estado de Direito passa a ser pleonástica. "Pleonástica" porque, e necessariamente, "todo Estado é um Estado de Direito", pois cada Estado, diz Kelsen, para ser Estado, reflete certo ordenamento jurídico coercitivo.[31] Por isso, toda frase que insinue haver "Estados que não são de Direito" são contradições nos termos, verdadeiros baralhamentos de ideias: todo Estado é composto de normas.

> "Na antítese entre direito público e privado que é aceita pela doutrina tradicional do direito, destaca com toda clareza o dualismo que domina a moderna ciência jurídica e com ela nosso pensar social: o dualismo entre Estado e Direito. Quando a doutrina tradicional do direito e do Estado contrapõe este ao primeiro como um ser diferente do direito, e ao mesmo tempo afirma que o Estado é um ser jurídico, leva isto ao cabo porque considera o Estado como sujeito de deveres jurídicos e faculdades, é dizer, como pessoa, e atribui ao mesmo tempo uma existência independente da ordem jurídica." (H. Kelsen. TP1, p. 150.)

Assim, em termos conclusivos, Kelsen afirma que existe uma ilusão que deve ser revelada. Quando se diz que a diferença entre o ente público e o privado está no fato de que, no primeiro caso, a pessoa que aplica a sanção é a mesma pessoa que faz nascer a obrigação, e que, no segundo caso, pelo contrário, é uma pessoa diferente, disso decorre o engano da personificação do agente público como ser diverso do Estado e da ordem jurídica.[32] Porque esse agente público, tanto quanto o ente privado, é aplicador da ordem jurídica. É dizer, ambos fazem parte de uma mesma e única unidade, porque os contratos realizados pelos entes privados são, também, atos estaduais. E são atos estaduais porque, em sentido amplo, relacionam-se com a ordem jurídica considerada em sua unidade.

29. H. Kelsen (1922a), p. 46-47.
30. H. Kelsen (1922b), p. 144-148.
31. H. Kelsen (1922b), p. 94-98.
32. H. Kelsen (1924), p. 356-357.

Aliás, essa análise apenas reafirma o que, em 1913, no ensaio "Estado de Direito e Direito Público", Kelsen já havia atestado quando escreveu sobre dos limites da administração:

> "(...) a oposição entre direito privado e direito público tem servido para fundamentar a oposição entre o verdadeiro direito e o não-direito (...). Ater-se a este critério, ainda que sob o império do Estado de Direito, significa manter vínculos com o Estado de Polícia, uma tendência teórica que não está liberta de objetivos políticos."[33]

Em resumo, não há nenhuma distinção que aqui possa ser feita: ambos realizam o que a ordem jurídica permite conforme as normas cuja referência de validade remete à constituição. Pensar de outro modo é atribuir à administração a possibilidade de atuar de forma não permitida pela ordem jurídica. E, se Estado e Direito designam uma só e única realidade, não há espaço para diferença entre direito público e privado. Com isso, Kelsen encontra o seu fecho expressivo: "... todo direito é direito público".[34]

6. Conclusões

a) Para Kelsen não há diferença substantiva entre o direito público e o direito privado porque ambos são elementos intrínsecos à unidade do Estado;

b) Os teóricos do direito, ao apresentarem o direito privado sem qualquer pretensão política na dinâmica da ordem jurídica, além de não fornecerem subsídios consistentes de distinção entre o direito público e o direito privado, cedem à tendência do homem de assumir projeções metafísicas duplicando os entes que examina;

c) Segundo Kelsen, as distinções entre direito público e direito privado, além de equivocadas, são também perigosas. E são perigosas porque, ao retirarem parte do direito do contexto público, permitem que frutifiquem argumentos de ruptura, como o argumento existencial de uma razão de Estado a par de uma razão privada;

d) Como todos os agentes (os assim chamados públicos e privados) são dependentes de uma única unidade realizadora, separar as atividades privadas das públicas significa perder de vista que todos os atos normativos constituem concretizações da ordem jurídico-estatal.

e) É exatamente em virtude da referência de concretização das normas ser única que todo o direito é direito público e apenas pode ser considerado desse modo.

33. H. Kelsen (1913), p. 219.
34. H. Kelsen (1911), p. 28.

3

KELSEN, A LIBERDADE E A ORDEM

1. Palavras iniciais

A tarefa que assumo neste Capítulo é a de aclarar a relação entre as noções de "natureza humana", "liberdade" e "ordem" em Kelsen. Para tanto, no item (2), afirmações do conjunto teórico de Kelsen são trazidas e coordenadas em função deste objetivo. No item (3), descrevo o percurso levado a efeito por Kelsen da mistificação no controle social (3.1) até o que entende ser a emancipação humana de todo e qualquer animismo (3.2 e 3.3). No item (3.4), o direito natural é apontado como valores absolutos que aprisionam a vontade humana deliberativa. Finalmente, no item (4), o articulado de Kelsen converge para o que ele entende ser a única saída rumo à liberdade: a autodeterminação histórica pautada pela ciência.

2. O direito contra as posturas anárquico-coletivas

Há um aspecto no mundo de Kelsen que não pode ser reduzido apenas à lógica; submerso em seu articulado teórico, encontra-se o receio dos impulsos humanos.[1] Este o motivo: para Kelsen, é inaceitável a noção de uma "ordem natural" de justiça que torne desnecessária a presença do Estado, i.e., de seu elemento político-sancionador. De fato, entende Kelsen, não há como conceber "ordem" respaldada na ausência de atos coercitivos, constituída por uma comunidade sem força.[2] Porque pensar que possa existir uma ordem social natural que difere do direito positivo pelo fato de não dispor de sanções socialmente organizadas,[3] é manter a crença de que os comportamentos humanos se apoiam na obediência voluntária da totali-

1. H. Kelsen (1957a), p. 235; *Idem* (1933), p. 45.
2. H. Kelsen (1957a), p. 235.
3. H. Kelsen (1923), p. 54.

dade dos sujeitos.[4] Segundo entende, essa pretendida ordem não passa da própria suspensão da ordem. Trata-se do estado de anarquia coletiva.[5]

> "A ilusão de que é possível 'voltar à natureza' baseia-se na crença de que o homem é bom 'por natureza'. Ela ignora o impulso de agressão inato ao homem. Ignora o fato de que a felicidade de um homem é muitas vezes incompatível com a felicidade de um outro e de que, uma ordem natural justa, que garanta a felicidade de todos e, por conseguinte, não tenha de reagir a perturbações com medidas de coerção, não é compatível com a 'natureza' dos homens, a julgar pelo que conhecemos sobre ela. A 'natureza' de uma ordem social natural não é a mesma que a natureza de nossa experiência científica: é um postulado moral. Contar com uma natureza humana diferente da que conhecemos é utopia. Isso não quer dizer que a natureza humana seja imutável, mas apenas que não podemos prever como mudará sob circunstâncias mutáveis." (H. Kelsen, DT, p. 235.)

A narrativa de Kelsen é clara e o seu dilema também: existe uma oposição fundamental entre a ordem social institucionalizada e o desejo anárquico de retorno a um estado de natureza perdido de um passado de bondade e de felicidade: uma Idade de Ouro.[6] Porque esta ordem teria que permitir, a todos, irrestritamente, a possibilidade de fazer ou abster-se de fazer o que desejasse.[7] Assim, este "estado de natureza", de um homem em si bom, que vive em um cenário de felicidade, resulta, apenas, da imaginação ingênua daqueles que idealizam um Estado manifestamente regressivo,[8] ou seja, de um ser que morre aos poucos e que deve perdurar até a chegada da sociedade comunista-anarquista, momento em que se reduz a mera administração.[9]

Assim, entende Kelsen, sem uma forma coercitiva para inculcar comportamentos nos indivíduos, não há controle possível para os desvios do homem. Nesta ausência, cada indivíduo se torna justiceiro de suas razões antagonizadas, e os instintos egoístas e agressivos dos homens os impulsionam a ir em busca da realização dos desejos de um "Eu" em prejuízo dos demais. É por essa razão que se deve transformar a "liberdade natural" numa "liberdade socialmente estabelecida", uma liberdade assegurada pelo Estado.

Nota-se que Kelsen é leitor de Hobbes. E que o "De Cive" e o "Leviatã", respectivamente, são-lhe muito caros, pois não apenas reflete sobre a tese segundo a qual "No estado de natureza, todos os homens têm desejo e vontade de ferir...",[10] mas também teme "(...) uma guerra que é de todos contra todos".[11] Quanto a isso, não pode haver qualquer dúvida: a questão da necessidade do direito como especí-

4. H. Kelsen (1957a), p. 233-234; H. Kelsen (1923), p. 54.
5. H. Kelsen (1957a), p. 235.
6. H. Kelsen (1957a), p. 234.
7. H. Kelsen (1957a), p. 235.
8. H. Kelsen (1923), p. 44; H. Kelsen (1957a), p. 237-238.
9. H. Kelsen (1923), p. 91; 200.
10. Tho. Hobbes, *Do cidadão*, Capítulo I.
11.. Tho. Hobbes, *Leviatã*, Capítulo XIII.

fica técnica social de controle dos comportamentos humanos é o que torna o Estado imprescindível. Por este motivo, é descabida a construção segundo a qual o Estado seria uma *civitas diaboli* a ser extinto e substituído por uma sociedade sem classes e sem Estado, uma *civitas dei*.[12] Porque o Estado é uma organização política cujo elemento especificamente político identifica-se com o uso regrado do elemento da coerção com vistas a tornar possível a coexistência humana. Assim, o Estado, como ente monopolizador da força, emprega a força organizada para combater a arbitrariedade dos homens em nome da "comunidade jurídica".[13] Força esta que, realizada pelo Estado, cumpre o objetivo de se contrapor à sua utilização pelos indivíduos, pois a substitui, atendendo, dessa maneira, os termos dos próprios valores de aprovação ou reprovação da comunidade.

Portanto, não é fato que o direito exclui a utilização da força – diz Kelsen – antes, a autoriza.[14] Mas a autoriza sob a roupagem de pressupostos que regulamentam seu uso: "o direito é uma organização da força",[15] é uma "técnica social que consiste em ocasionar a conduta social desejada dos homens por meio da ameaça de coerção no caso de conduta contrária".[16] Assim, se se concebe conceitualmente por "paz" uma condição na qual não há o uso da força, do ponto de vista de Kelsen, toda paz jurídica é paz relativa.[17] "Paz relativa" porque se por um lado o direito priva os indivíduos de empregarem a força, por outro a pressupõe como uma reação regulada da comunidade cujo objetivo é o de induzir os indivíduos a não agirem conforme seus impulsos.

Nestes termos, a "ordem social" resulta de regras instituídas pelo homem e da força monopolizada pelo Estado. Esta a tese de Kelsen, em síntese: "liberdade" se contrapõe a "constrição"; "anarquismo" se contrapõe ao "estatismo".[18] O primeiro é utópico, o último realista.

Com isto, como os teóricos marxistas antecipam o término do Estado, Kelsen objeta. Segundo entende, sempre haverá a presença do Estado a regular a liberdade.[19] É dizer, por mais paradoxal que possa parecer, até a liberdade precisa de limites para subsistir. E estes limites são fornecidos pelas normas jurídicas, com o quê o direito se presta a minimizar os efeitos negativos do agir humano pela ameaça do castigo.

Desta maneira, Kelsen entende que a sanção instiga os indivíduos à reflexão, levando os homens a abandonarem suas inclinações pessoais, paixões, egoísmos e preferências que os retiram do âmbito das ações de sociabilidade. Se o homem

12. H. Kelsen (1923), p. 61.
13. H. Kelsen (1957a), p. 231.
14. H. Kelsen (1960), p. 41.
15. H. Kelsen (1945), p. 30.
16. H. Kelsen (1957a), p. 230.
17. H. Kelsen (1945), p. 31.
18. H. Kelsen (1923), p. 42.
19. H. Kelsen (1923), p. 44.

é, sobretudo, dotado de razão, é esta razão somada com a força institucional do Estado que viabiliza a existência da sociedade em paz relativa; porque a ameaça leva o homem a avaliar ato e consequência, inculcando-lhe o comportamento adequado. O direito, assim, é instrumento de redução do enfrentamento: ao estabelecer sanções para os comportamentos socialmente indesejados, reforçam-se os comportamentos desejados.

Pode-se dizer que esta forma de pensar é um golpe da razão de Kelsen: porque se o homem for bom "por natureza", evidentemente que as normas jurídicas não terão uso. Mas se o homem não for bom "por natureza", é melhor que existam normas que prevejam como conter seus ímpetos destrutivos. Com isto, o direito encontra sua função: a função do direito é promover o aumento das ações de sociabilidade criando para o conglomerado humano normas motivadoras de condutas socialmente esperadas, transformando este conglomerado em um grupo social.

Mas Kelsen não se descuida das separações mais finas. Segundo sua terminologia, como a função de toda ordem social é motivar certa conduta recíproca dos seres humanos, esta motivação, como fator de sociabilidade, pode ser tanto "indireta" como "direta".[20] Diz-se haver "motivação indireta" quando o homem obedece as normas evitando as sanções, as situações de dor ou de frustração que elas produzem. Já a "motivação direta" corresponde aos comportamentos que os homens seguem apenas pela circunstância de assim o desejarem.[21]

Por outras palavras, tendo em vista não se poder confiar na totalidade da eficiência das "motivações diretas" (*i.e*, da boa vontade dos indivíduos) é que as "motivações indiretas" (as motivações promovidas pelas punições) tornam-se decisivas em sociedade. Diz Kelsen: "A sanção é tornada consequência da conduta considerada nociva à sociedade; conduta esta que, de acordo com as intenções da ordem jurídica, tem de ser evitada".[22] Para tanto, as ordens jurídicas identificam os comportamentos indesejados chamando-os de "delito" e criam a figura do "responsável".

Por essa razão que o delito desempenha, em sua teoria, tarefa de importância para o controle dos comportamentos: o delito é a condição da sanção.[23] Isso significa que no direito não há *mala in se*, apenas *mala prohibita*.[24] Inexiste *mala in se* porque os atos não são intrinsecamente maus, somente há atos que são proibidos ou não, pois são todos socialmente estabelecidos.

> "O direito diz que, se alguém roubar, será punido. A condição decisiva da sanção, embora não a única, é a conduta do sujeito que, segundo o desígnio da ordem jurídica, deve ser evitada – delito. A ordem jurídica, ao vincular uma san-

20. H. Kelsen (1945), p. 21-23.
21. H. Kelsen (1945), p. 21-23.
22. H. Kelsen (1945), p. 73.
23. H. Kelsen (1945), p. 75.
24. H. Kelsen (1945), p. 73-74.

ção a essa conduta e, portanto, ao caracterizá-la como delito, procura induzir a conduta oposta – a que não invocará a sanção. Dizer que uma pessoa tem o dever legal de conduzir-se de determinada maneira significa que ela é ameaçada com uma sanção pela conduta contrária, isto é, por um delito. A relação estabelecida pela norma jurídica entre delito e sanção é a relação fundamental do direito, considerado em estado de repouso." (H. Kelsen, DT, p. 239.)

3. Sociedade e natureza

Do quanto se viu, já se pode alcançar o sentido da argumentação de Kelsen: a necessidade da ordem estabelecida coercitivamente pelo Estado sinaliza o não-retorno do homem ao "estado de natureza", mantendo-o no "estado da sociedade civil". Mas isto não quer dizer que a passagem do homem do "estado de natureza" para o "estado de sociedade civil" tenha ocorrido através do monopólio da força física pelo Estado. Antes disso já se constata haver organização social. Portanto, a questão passa a ser como as civilizações se estruturavam "sem o Estado", considerando que, segundo Kelsen, uma ordem constritiva mínima é necessária para que se solidifique a sociabilidade no homem.

Sabe-se que a lógica da teoria do contrato social como origem da sociedade e fundamento do poder político é uma aposta no consenso. Florescida e trabalhada na Europa do século XVII até os fins do século XVIII, com o "contrato" afirma-se ter-se posto fim ao estado de natureza, demarcando-se o início do "estado social e político", uma situação em que os homens convivem em certa organização política, uma organização da sociedade civil.[25]

Em um importante ensaio de 1919, "Sobre a Teoria das Ficções Jurídicas", Kelsen afirma que a teoria do contrato é insatisfatória: "A ficção do contrato político, como aquele da liberdade, não serve verdadeiramente como fundamento jurídico da função penal e coativa do Estado".[26] E faz isso recusando o caráter jurídico da teoria do contrato social, sustentando que se trata, na realidade, apenas de uma construção ética.

Afirma Kelsen:

> "O contrato político não é, pois, propriamente uma ficção da teoria do direito, mas sim uma ficção ética, a ficção de uma concepção moral do mundo. Uma consideração teórico-jurídica deve deixar de lado esta concepção – a ideia de uma fundação ética do direito – que é propriamente essa ideia de contrato social."[27]

Portanto, a questão passa a ser a seguinte: onde se encontra, do conjunto teórico de Kelsen, o momento em que o homem ultrapassa o estágio instintivo para viver sob alguma forma de controle?

25. N. Matteucci (1983), p. 220-231.
26. H. Kelsen (1919), p. 258.
27. H. Kelsen (1919), p. 258-259.

No trabalho "Sociedade e Natureza", do período estadunidense, ano de 1943, como igualmente no ensaio "Causalidade e Retribuição", de 1941, Kelsen se preocupa com esta questão. Assim, Kelsen busca demonstrar que o papel da crença em uma natureza que interfere na vida social foi significativa para o início da organização social. Para Kelsen, a percepção de que a natureza consiste apenas em relações físicas encontrou seu percursor em Isaac Newton, tornando este o novo Moisés.[28] Foi a partir do momento em que o homem pode ver-se como autônomo diante da natureza que este pôde autodeterminar-se produzindo normas para si mesmo, normas que regulassem comportamentos em sociedade cujo fundamento era o próprio desejo humano.

3.1 Retribuição e causalidade

"A doutrina do direito natural...", diz Kelsen, "... tenta fornecer uma solução definitiva para o eterno problema da justiça, responder à questão quanto ao que é certo e errado nas relações mútuas dos homens". E ainda:[29]

> "Na etapa mais inferior da civilização humana, essa interpretação da natureza manifesta-se no chamado animismo. O homem primitivo acredita que as coisas naturais – animais, plantas, rios, as estrelas no céu – são animadas, que espíritos ou almas encontram-se dentro ou por trás desses fenômenos, e que, consequentemente, essas coisas reagem sobre o homem como seres pessoais, segundo os mesmos princípios que determinam as relações do homem com seus semelhantes."

Esta citação de Kelsen serve para colocar em destaque o seguinte: enquanto perdurou o "princípio da retribuição" e se fez ausente o entendimento do "princípio da causalidade", o "homem primitivo" não teve condições de entender a divisão entre "leis da natureza" e "leis sociais", de modo que tudo se encontrava compreendido na crença de resposta dos espíritos que habitam a natureza e não por um conhecimento objetivo.[30] Faltando ao "pensamento primitivo" uma visão objetiva do mundo, o homem "primitivo" atribuía à natureza vontade e intencionalidade, como se estivesse habitada por espíritos que comandam e cobram.[31]

Por "animismo", entende-se o sistema de crenças em que se atribui a objetos inanimados e fenômenos naturais um princípio vital pessoal. A ordem da vida social – como processo da projeção animista – era assim obtida pela crença na ação interferente de seres que se acreditava habitarem todos os objetos do mundo externo.

Partindo deste ponto, em um interessante trabalho de 1936, "A Alma e o Direito", Kelsen atesta a noção da imortalidade da alma como núcleo fundamental

28. I. Prigogine/I. Stengers (1984), p. 19.
29. H. Kelsen (1957b), p. 137-138.
30. H. Kelsen (1943), p. 40.
31. H. Kelsen (1943), p. 41.

da metafísica e como questão relevante para a análise do pensamento primitivo.[32] Segundo Kelsen, no pensamento primitivo não há uma clara distinção entre a alma dos vivos e a alma dos mortos. Por este motivo, a falta de conhecimento e a expressiva presença das emoções levaram os povos primitivos a conceberem o nascimento não pelo nexo entre relações sexuais e gravidez, pois ignoravam tudo isso, mas pelo evento social de uma alma de algum morto garantir a perpetuação do grupo. Do mesmo modo, a morte era tida como provocada por algum espírito.[33]

Isto significa que havia uma morte materializada no agir espiritual, com o que toda morte seria um assassinato e, todo nascimento, redenção.[34] Portanto, estes entes possuiriam um poder superior; poder superior que, mediante ritos, era possível pedir proteção ou auxílio, mas, quando desagradados, não vacilavam em demonstrar o desagrado, infligindo severas punições ao grupo: o mundo no qual o homem se encontrava inserido era cercado por inúmeros mistérios. E o que desconhecia provocava emoções de esperança ou temor, desejo ou terror, satisfação ou desilusão,[35] encorajando a fantasia. Com ela, o homem primitivo de Kelsen apenas podia ver nos acontecimentos físico-naturais ações de habitantes da natureza que deveriam respeitar e agraciar com oferendas e sacrifícios a fim de não lhes despertar a ira.

> "Resulta quase desnecessário dizer que o componente emocional é o mais antigo ou, pelo menos, o elemento originariamente mais vigoroso. Tem-se encontrada a expressão certa para tal fato quando se afirma que no começo a conduta humana estava determinada essencialmente pelo desejo. Disso se pode explicar a posição preponderante que a chamada 'magia' ocupa na vida do homem primitivo. De fato, quanto menos domínio técnico exerce o homem sobre a natureza, mais se dirige com seus desejos, expressados numa linguagem peculiar de signos, de seres sobre-humanos. Especialmente porque espera que os poderes desses seres satisfaçam as vontades que imagina. Não há razão que faça supor entre os homens primitivos uma tendência acentuada à cognição ou um desejo direto de uma explicação objetiva do mundo, é dizer, uma explicação independente de seus desejos ou temores e livre de toda valoração; inclusive o homem civilizado médio trabalha em menor grau pelo conhecimento objetivo que pelos juízos de valor, e, com eles, com uma justificação de seus interesses individuais à luz de interesses coletivos (que se apresentam ideologicamente como normas)." (H. Kelsen, SN, p. 8-9.)

Como o desconhecido produz no homem primitivo o sentimento de medo, a ausência do pensamento causal-objetivo conjugada com a presença do pensamento causal-subjetivo instiga o sentimento de retribuição-recompensa e retribuição-castigo, conforme interpreta sua reação emocional do ocorrido. Isto explica,

32. H. Kelsen (1936), p. 77.
33. H. Kelsen (1936), p. 79.
34. H. Kelsen (1936), p. 81; 86.
35. H. Kelsen (1943), p. 10.

afirma Kelsen, o comportamento dos malaios Sakai quando lançam ao céu flechas envenenadas, enquanto as mulheres marcam a terra, dizendo: "Saiam e deixem-nos sós. Não te causamos dano algum assim não nos puna!".[36] Tudo com o objetivo de afugentar os raios. Numa lenda dos esquimós o ataque de um urso polar era interpretado como o espírito de uma mulher que entrou no corpo do animal para vingar-se do sofrimento que havia passado em vida, o que servia de controle para as relações de respeito.[37] Os índios norte-americanos Selknam possuem a crença de que, quando muitos animais são mortos num período de abundância de caça e se deixa carne estragar, os espíritos desses animais se vingam, o que possibilita o controle sobre o desperdício.[38]

Assim, entende Kelsen, apenas a partir do surgimento do interesse de entender objetivamente os fenômenos da natureza que as conexões de retribuição foram afastadas, possibilitando compreensões independentes das respostas emocionais elaboradas no âmbito da crença.

Por conseguinte, esta debilidade de reflexão crítica e a incompreensão de sua individualidade fizeram com que o homem primitivo visse um mundo cercado por espíritos poderosos com força sobre-humana e interferentes em seu grupo social,[39] antes mesmo do surgimento do Estado como comando forte e centralizado: "Os mortos governavam os vivos; o passado era considerado sagrado. Somente o que os antepassados faziam é o que se deve fazer; e, com o objetivo de ter êxito ao se conjurar uma desgraça, deve-se portar sempre da mesma forma."[40] A verdade ritual era alcançada não porque se confrontavam as situações com a realidade empírica percebida pelos sentidos, ou por uma confirmação da razão, senão porque de longa época fora transmitido o conhecimento pelos antepassados e que, por isso, se deveria seguir; de fato, esta forma de organização constituiu uma ordem promovida pela "autoridade dos antepassados".[41]

> "O temor das almas dos mortos, isto é, temor da vingança que podem exercer sobre os que violam a ordem social, assim como a esperança de proteção e apoio no caso da conduta correta, em síntese, crença na função de retribuição das almas dos mortos, é à base do culto aos antepassados, tão difundido nos povos primitivos. Os antepassados são tudo e tudo fazem. Os que vivem nada são. Os etnólogos concordam em manifestar que o homem primitivo, diferentemente do homem civilizado, não se considera a si mesmo o 'Senhor da Criação', superior aos animais, plantas e objetos inanimados, senão igual, quando não, às vezes, inferior a eles, os tratando a todos com respeito e medo.
>
> "Tal atitude se conforma à situação efetiva do selvagem, que se encontra na

36. H. Kelsen (1943), p. 107.
37. H. Kelsen (1943), p. 142.
38. H. Kelsen (1943), p. 134.
39. H. Kelsen (1943), p. 13.
40. H. Kelsen (1943), p. 88.
41. H. Kelsen (1943), p. 13.

árdua luta com os perigos da natureza, que o ameaçam de todos os lados, e particularmente com os animais, frequentemente muito mais fortes. Resulta fácil compreender o motivo pelo qual vê forças sobre-humanas nesse mundo ameaçador; e é possível também compreender que em tais circunstâncias não possa ter surgido essa orgulhosa consciência do Eu que separa o homem civilizado da natureza, e que dela faça assenhorear-se tecnicamente, especialmente dos animais, que estão inteiramente subordinados." (H. Kelsen, SN, p. 15-16.)

À vista disso, mesmo que o homem primitivo fosse regido pelos comandos de uma interpretação social da natureza, esta forma de organização, ainda que rudimentar, equivalia a uma espécie de ruptura com seus impulsos naturais porque os homens não se encontram soltos e livres agindo segundo seus instintos. "As condutas estão determinadas pelo fato de que há sanções instituídas pelas autoridades sobre-humanas; essas sanções são a garantia da ordem social e estabelecem assim os deveres sociais dos indivíduos."[42] A ordem natural e a ordem social fazem parte de uma mesma realidade: "Se a segunda é violada, a primeira respondia".[43]

Isto o que Kelsen chama de "princípio da retribuição":[44] a concepção segundo a qual o bem merece recompensa e o mal merece punição; uma crença de que a natureza não apenas se relaciona com os atos humanos, mas os reprime caso haja algum tipo de desagrado. "A relação do homem primitivo com a natureza se baseia...", afirma Kelsen, "... não sobre a ideia de uma conexão objetiva dos fatos, isto é, sobre a suposição de um nexo causal produzido por forças impessoais, senão sobre a ideia de uma conexão entre duas pessoas, sobre a suposição de uma relação social".[45] É dizer, o "princípio da retribuição consubstanciava a norma básica da sociedade primitiva".[46]

3.2 Kelsen encontra Freud

Como visto, para Kelsen o retribucionismo apoia-se no plano psicológico dos indivíduos. Por essa razão, inicia uma série de estudos cuja variação temática o coloca em contato com as pesquisas levadas a efeito por Sigmund Freud.[47] E isso é perceptível em ao menos três ensaios de Kelsen: *O Conceito de Estado e a Psicologia Social*, de 1922, *Deus e o Estado*, de 1922-1923, e *O Conceito de Estado e a Psicanálise*, de 1927.

Como se sabe, Freud, na obra *Totem e Tabu* (1912-1913), em quatro ensaios, estabelece uma hipótese teórica primordial com o objetivo de analisar o problema da psicologia dos povos e a origem de algumas das mais importantes instituições:

42. H. Kelsen (1943), p. 71.
43. H. Kelsen (1943), p. 71-72.
44. H. Kelsen (1957c), p. 302.
45. H. Kelsen (1943), p. 72.
46. H. Kelsen (1943), p. 105.
47. M.G. Losano (1992), p. 175-178.

os ordenamentos estatais, a moralidade e a religião.[48] Os termos de sua suposição antropológica são os seguintes: havia inicialmente um grupo submetido ao domínio despótico de um homem que não apenas se apropriava das mulheres, mas impedia que os demais homens, seus filhos adolescentes, satisfizessem seus impulsos sexuais. Um dia, os irmãos banidos, partilhando de um ato de violência coletiva, matam e comem o cadáver do pai, pondo fim àquela estrutura de organização social selvagem.[49] Todavia, sentem remorso pelo que fizeram, o que os conduz a renegar o ato cometido criando uma nova forma de organização social para o grupo: renunciam à posse das mulheres do clã do pai (exogamia) e proíbem o assassinato do substituto do pai (o totem).

Dois pontos devem ser destacados.

Em primeiro lugar, nos termos da hipótese desta "organização primal",[50] o ato primordial centra-se no impulso sexual proibido.

Em segundo lugar, pode-se avistar a identificação do grupo com o líder, no sentido de que, o líder que representava a opressão sexual e estruturava o grupo, ele continua a influenciar a "nova organização nascida" porque após a morte do pai este continua a organizar o grupo sob a forma de "tabu" (o grupo encontra-se privado da possibilidade de possuir mulheres do mesmo grupo).

Portanto há aqui ao menos dois desejos "recalcados": o do incesto e o de matar o pai.

Por outras palavras, Freud elabora, sob o viés psicanalítico, uma teoria do poder com:

a) um ato fundador que define a transição de um estágio selvagem para uma nova fundação (que se processa com o assassinato do pai); e

b) uma normatividade reguladora do grupo (tabu).

Assim, toda sociedade teria por base um regicídio, seguindo-se com uma necessária reconciliação com a imagem do pai que possibilitaria a "consciência" e a sobrevivência do grupo.

No entanto, segundo Freud, em trabalho que Kelsen não ignora,[51] *Psicologia de Massas e Análise do Ego*, há no âmbito dos grupos aqueles que possuem e aqueles que não possuem "líder". Aqui, apresenta a distinção entre "grupos primitivos e variáveis" e "grupos artificiais e estáveis". Os primeiros possuem um líder real ao passo que os últimos apresentam uma ideia substitutiva da figura do líder, um líder secundário. Segundo Kelsen, o Estado é moldado segundo essa ideia diretora secundária que o distingue das noções religiosas por seu conteúdo específico.[52]

48. S. Freud (1914), p. 410.
49. S. Freud (1913), p. 110.
50. L.B. Ritvo (1990), p. 135.
51. H. Kelsen (1922), p. 326-327.
52. H. Kelsen (1922), p. 327.

Com efeito, se para Freud o vínculo social que o "totem" origina é realizado pelo caráter religioso do cerimonial totêmico, Kelsen entende que há paralelismo entre essas considerações e a teoria moderna do Estado.[53] Porque da mesma forma que o caráter cerimonial de se alimentar do animal sacrificado e o totem sejam vistos como distintos, mas resultam de uma mesma projeção psicológica, o Estado e as normas jurídicas consubstanciam uma única e mesma realidade, embora nas teorias modernas do Estado tenha-se o impulso de distingui-los. Assim, a duplicação de análises que coloca o direito por um lado e o Estado por outro é apenas projeção psicológica dos indivíduos, um misticismo jurídico, uma necessidade que o homem possui de personificar o Estado com uma alma jurídica.[54]

Mas o "caminho teológico" não está completo com o mero reconhecimento da autoridade sobre-humana de Deus. Porque do mesmo modo que psicologicamente o "totem" se faz presente entre os homens com a representação de um animal-totêmico, na criação da comunidade religiosa há que existir um Filho de Deus que igualmente faça presente a imagem de Deus. Por outras palavras, se há a função psicológica que torna o "totem" presente (em última análise o totem representa as regras do clã), o Filho de Deus, de modo em tudo semelhante, lembra aos que n'Ele creem que há regras e que há uma organização a se atender. Em ambas as situações há uma autoridade sobre-humana, distinta da dos indivíduos, mas que os agrega em uma mesma comunidade.[55]

A esse respeito, Kelsen nota certa propensão de se aceitar a verdade absoluta daquele que está no comando por parte dos comandados como dos que se envolvem sob certa crença religiosa. De certo modo, a autoridade religiosa e a autoridade social operam de maneira semelhante em termos de experiência psíquica.[56] É comum que as autoridades sejam vistas como o próprio pai, ou substituto do pai, o que, não raras vezes, resulta em sua divinização e admiração, ocasionando a obediência.[57] Kelsen, neste aspecto, afirma em nada surpreender o fato de ser comum às religiões chamar Deus de Pai.[58] Porque é a vontade psicologicamente vinculada ao rito religioso que impele o homem ao domínio em nome da divindade.[59] Esta exclusão dominadora da vontade do outro diante da verdade da religião própria é uma exigência de submissão daquele que crê diante daquele que não crê ou crê em outra divindade: de uma impossibilidade de tornar o não-crente na divindade de um modo direto, decorre a submissão ou o impulso de submetê-lo ao domínio da mesma divindade indiretamente submetendo a minha autoridade, pois

53. H. Kelsen (1919), p. 167.
54. H. Kelsen (1922/1923), p. 240-241; 244.
55. H. Kelsen (1922/1923), p. 140-141.
56. H. Kelsen (1922/1923), p. 144.
57. H. Kelsen (1922/1923), p. 144.
58. H. Kelsen (1922/1923), p. 144-145.
59. H. Kelsen (1922/1923), p. 145.

é a autoridade do que eu creio que age por via transversa pelo meu ato, de sorte que o não-crente deve se tornar meu súdito.[60]

Para Kelsen, quando isso ocorre, o domínio em nome de uma "bandeira religiosa" consiste na exaltação do grupo de maneira simbólica.

Esta a passagem:

> "Assim como o primitivo em certos momentos, quando assume a mascara do animal totêmico, isto é, do ídolo da sua estirpe, pode cometer todos aqueles excessos que de um outro modo lhe seriam vedados por normas rigorosas; assim o homem civilizado, sob a máscara de seu Deus, da sua nação ou de seu Estado, pode insuflar todos aqueles instintos que ele, como simples membro do grupo, deve, no próprio âmbito do grupo, reprimir escrupulosamente. Enquanto cada um que luta por si é desprezado enquanto lutador, cada um pode sem vergonha lutar pelo seu Deus, pela sua nação, pelo seu Estado, embora assim atenda apenas à sua própria vaidade, mas enquanto não se considera o indivíduo como tal em nada se encontra restringido em sua legitimidade para agir, para dominar os outros, pois isto não é menos o seu direito supremo de fazer tudo em nome de Deus, da nação e do Estado, que, por causa disso mesmo, ama como o 'seu' Deus, a 'sua nação', e o 'seu' Estado, e com os quais, idolatrando, ele se identifica." (H. Kelsen, DE, p. 145.)

Esses pontos, para Kelsen, desdobram-se na correlação entre Estados que buscam impor seu sistema sob um governo autocrático e a questão da passagem do estágio primitivo para o estágio da percepção das causas físico-naturais. Porque, para Kelsen, um grupo social organizado nos termos do princípio da retribuição é um grupo regido por um "Eu fraco" (*Id* fraco).[61] "Eu fraco" porque fundado em uma apequenada noção do próprio indivíduo a respeito de suas possibilidades de realização, fazendo com que o mundo incompreendido seja interpretado nos termos de seus temores, sem explicações objetivas: o mundo dos espíritos e o mundo terreno são um só; e o mundo espiritual é interferente no humano. Encontra-se aqui não apenas um descompasso entre o "emocional" e o "racional" com a prevalência do primeiro sobre o último, mas também uma falta da capacidade de abstração. "Falta da capacidade de abstração" porque o homem primitivo, ao imaginar poderes pertencentes à natureza, concebe a natureza como um ser concreto capaz de ações concretas.

Portanto, o "Eu fraco" (*Id* fraco) precisou ser superado por um "Eu forte" (*Id* forte): por um homem não apenas interessado em compreender objetivamente o mundo que o cerca, mas igualmente com plena consciência de sua capacidade de domínio. E é exatamente esse "Eu forte" que resultará no ímpeto de domínio do homem sobre outros homens e sobre a própria natureza. Para esta razão, o homem

60. H. Kelsen (1922/1923), p. 145.
61. H. Kelsen (1943), p. 37.

teve que deixar de perguntar: "Quem fez isto?". Para questionar: "Como isto sucedeu?".[62]

Em síntese, o "pensamento primitivo", mesmo depois de ter constituído o grupo, teve que ser vencido, segundo Kelsen, para que fosse possível ao homem buscar as causas regulares e necessárias dos acontecimentos excluindo-se qualquer justificação emocional.[63]

3.3 A vez da ciência

Para François Jacob,[64] todo ente ou fenômeno histórico responde à possibilidade do seu existir. Portanto, as explicações seguem o rumo de suas condições de possibilidade. Nenhuma explicação histórica pode escapar à plausibilidade empírica do seu contexto.

Talvez seja por este motivo que Kelsen tenha sentido a necessidade da busca etnográfica: a noção de retribuição e a noção de causalidade relacionam-se a certa evolução do ideal científico e crítico do homem. Mas, ainda que recorra à história para compreender este processo, não prescindiu das suposições. Diz Kelsen: "Estamos supondo aqui que a causalidade não é uma forma de pensamento da qual a consciência humana seja dotada por necessidade natural (...), mas que houve períodos na história do pensamento humano em que os homens não pensavam causalmente."[65] E ainda: "Estamos também supondo que a lei da causalidade como princípio do pensamento científico surge em um nível relativamente elevado do desenvolvimento mental."[66]

Assim, Kelsen vê uma importante mudança no século V a.C. com os atomistas Leucipo e Demócrito: a percepção de o universo não ser composto por uma regente vontade divina, mas por partículas infinitesimais que formam todas as coisas. O átomos, cujo movimento de autocomposição encontra sua causa no princípio "os semelhantes interagem". Deste modo, Kelsen apresenta a Grécia antiga como o berço da primeira grande tentativa de se compreender cientificamente a realidade.[67]

De fato, em que pese à "Teogonia" de Hesíodo, as especulações sobre a existência de uma lei para a natureza encontraram no problema da *phýsis* o que pode ser chamado de ciência grega. De um "tudo é água", de um *apeíron*, e do elemento primário "ar", a unidade da natureza e a origem de todas as coisas foi passando por diversas explicações desde Tales, fundador da escola milesiana, século VI a.C, o primeiro a firmar a noção de uma "substância fundamental".[68] Como resultado de

62. H. Kelsen (1943), p. 69.
63. H. Kelsen (1943), p. 69.
64. F. Jacob (1973), p. 117.
65. H. Kelsen (1957c), p. 301.
66. H. Kelsen (1957c), p. 301.
67. H. Kelsen (1957c), p. 303.
68. W. Heisenberg (1958), p. 88.

observações progressivas, e da atenção voltada para os acontecimentos do mundo natural, entende Kelsen que a cosmogonia que explicava o surgimento do mundo como a luta entre entidades personificadas foi sendo afastada. E nisto consiste, para utilizar uma expressão de Karl Popper, "a meta da ciência": "encontrar explicações satisfatórias de qualquer coisa que nos impressione como necessitando de explicação".[69]

Quando Leucipo, originário de Mileto, atribui ao "cheio" e ao "vazio" a composição do que existe, e não aos deuses, propriamente desmistifica a natureza.[70] O cheio é constituído por átomos, as "partículas elementares", os "tijolos da matéria":[71] estáveis, imutáveis e indestrutíveis. O vazio é o nada. Como sólidos, os átomos não podem ser fracionados de nenhum modo. No entanto, por serem diminutas formas geométricas erigem o mundo numa frenética combinação agregativa.[72] Assim, Kelsen nota que Demócrito, ao desenvolver a teoria do átomo de Leucipo, coloca as reações entre os átomos como golpes e contragolpes quando em choque em compreensão análoga a de retribuição, pois há certa intencionalidade: "O mal atrai a punição que é essencialmente similar a ele; o mérito atrai a recompensa que é essencialmente similar a ela...".[73] Embora não haja deuses, há uma reação de *Poenam et Beneficium* nas coisas inanimadas.[74]

Bem mais tarde, a nova ciência natural de Francis Bacon, Galileu Galilei e Johannes Kepler, desempenhou papel destacado nas instâncias de emancipação do homem: além de terem revivido, no século XVI, o legado dos atomistas – afirma Kelsen –, eles impediram que o predomínio das concepções religiosas do cristianismo, que passaram a fundamentar as normas jurídicas na Idade Média, levassem os esforços de Leucipo e Demócrito ao esquecimento.[75]

E esta interpretação é compreensível.

Bacon elaborou um método com base no entendimento da comprovação: cabe à experiência confirmar o que é verdadeiro ou falso, pois o saber não é um conceito originário, mas uma espécie de ação prática.[76] "Toda verdadeira interpretação da natureza se cumpre com instâncias e experimentos oportunos e adequados, onde os sentidos julgam somente o experimento e o experimento julga a natureza e a própria coisa."[77]

69. K.R. Popper (1973), p. 180.
70. G.S. Kirk/J.E. Raven/M. Schofield (1983), p. 437.
71. W. Heisenberg (1958), p. 96.
72. G.S. Kirk/J.E. Raven/M. Schofield (1983), p. 441.
73. H. Kelsen (1957c), p. 311-312.
74. H. Kelsen (1957c), p. 312.
75. H. Kelsen (1957c), p. 312.
76. E. Cassirer (1906), p. 140.
77. F. Bacon, *Novum Organum*, Livro I, Aforismo L.

No livro da natureza de Galileu, o princípio da não-interferência por preconceitos de origem religiosa ou filosófica o auxiliam a revelar "as leis fundamentais do movimento".[78]

De igual modo, pode-se referir a Kepler: não há espíritos interferentes no "Mysterium Cosmographicum".[79] Portanto, em todos eles não há espaço para "gêneros ou ídolos que bloqueiam a mente humana".[80] Com isto, Kelsen afirma que a importância dessa fase se deve à preservação do princípio da causalidade independentemente das concepções de retribuição: a base do princípio da causalidade encontra-se no caráter necessário de uma reação após uma causa que pode ser constatada.

Mas, se da teoria causal da nova ciência natural se depreende o caráter de necessidade dos acontecimentos físicos naturais, é exatamente essa formulação que não passará intocada por Reichenbach.

Hans Reichenbach, um dos mais importantes representantes do empirismo lógico do Círculo de Viena, segundo Kelsen, cumpriu o papel de interpretar a crise da física moderna modificando a certeza absoluta na causa e efeito substituindo-a pela de probabilidade. E isso é explicável: depois que Heisenberg concebeu o "princípio da incerteza", Reichenbach não poderia pensar doutra maneira. É que segundo a teoria da mecânica quântica é impossível medir de forma precisa a trajetória de uma partícula subatômica, pelo motivo de que não se consegue com precisão determinar sua velocidade e sua posição.

É este princípio, que também é conhecido como "desigualdade de Heisenberg", que Kelsen faz referência quando afirma ter ocorrido um "golpe contra a lei ou princípio da causalidade".[81] Pois, se a base teórica do princípio da causalidade necessita do conhecimento do estado inicial do movimento para se predizer seus processos mecânicos, esta lei não encontra utilidade na física atômica, dado que há a indeterminação de suas posições. De todo modo, com a narrativa, o objetivo é alcançado: Kelsen descreveu o percurso da separação entre a retribuição da interpretação causal da natureza.

No entanto, há uma questão que ainda se encontra aberta: Qual a implicação político-estatal destas informações?

3.4 Nada de metafísica!

Foi dito que Kelsen considera a hipótese freudiana de ser a natureza humana ilógica e violenta. Foi dito, também, que a maneira de se escapar desse impulso de agressão é formar uma sociedade jurídica, rompendo-se em definitivo com o estado de natureza e com qualquer pretensão anárquica. Ademais, viu-se que,

78. A Koyré (1955), p. 181-195.
79. E. Cassirer (1906), p. 304.
80. F. Bacon, *Novum Organum*, Livro I, Aforismo XXXIX.
81. H. Kelsen (1957c), p. 317.

embora Kelsen considerasse inadequadas as explicações cuja base é o princípio da retribuição, ele entendeu que essas evocações metafísicas serviram para conter os impulsos de agressão, deixando claro que o problema da metafísica e o problema da organização social apresentam um notável paralelismo.

Assim, Kelsen aponta para a ideologia encoberta da relação de comando-obediência nas organizações baseadas em metafísica, pois todas implicam verdades indiscutíveis. Com efeito, no ensaio *Formas de governo e concepções de mundo*,[82] ano de 1933, Kelsen sustenta que, caso se observe as doutrinas do direito natural, elas convergem para um fundamento absoluto. Aliás, isto já havia sido afirmado pelo próprio Kelsen em caráter mais específico no estudo *A Ideia do Direito Natural*, de 1927-1928.[83]

Segundo Kelsen, os argumentos jusnaturalistas sobre a justiça não passam de enorme confusão, porque "Direito e justiça são problemas que incidem em âmbitos diferentes, enquanto um é um problema de técnica social, o outro é um problema de moral individual".[84] Daí concluir que as doutrinas jusnaturalistas não servem como critério para embasar o direito positivo, tendo em vista que elas se dissolvem quando submetidas ao "tribunal da ciência".[85] Portanto, as concepções individuais do agir autônomo não podem ser aceitas como o fundamento das determinações de conduta do direito, o seu caráter heterônomo.

Com isso, Kelsen defende que a "justiça é, antes de tudo, uma característica possível, porém, não necessária, de uma ordem social".[86] Pois a noção de justiça é tão-somente medida pessoal de comparação: "um homem é justo quando seu comportamento corresponde a uma ordem dada (por ele) como justa".[87] E uma ordem jurídica é justa quando essa ordem regula "o comportamento dos homens de modo a contentar a todos...".[88] E este é o aspecto de conflito entre o *jus positivum* e o *jus naturale*: "A doutrina do direito natural... – atesta Kelsen – ... tenta fornecer uma solução definitiva para o eterno problema da justiça, responder à questão quanto ao que é certo e errado nas relações mútuas dos homens".[89] Ou seja, *lex naturalis*, *l'ordre naturel*, *Naturrecht*, exprimem uma mesma coisa: o que em definitivo se entende como "justo".[90]

Mas esta solução definitiva não existe.

Em primeiro lugar, diz Kelsen, porque se esta ordem natural se opõe ao que é "artificial" (a norma jurídica criada pela vontade legisladora humana), esta ordem

82. H. Kelsen (1933), p. 39-60.
83. H. Kelsen (1927/1928), p. 129-130.
84. A. Carrino (1984), p. 213.
85. H. Kelsen (1957d), p. 137-140.
86. H. Kelsen (1957d), p. 2.
87. H. Kelsen (1957d), p. 2.
88. H. Kelsen (1957d), p. 2.
89. H. Kelsen (1957c), p. 137.
90. H. Kelsen (1927/1928), p. 120.

natural deve ser por si evidente e acessível a todos os que estão submetidos ao seu comando "natural". Vale dizer, a um Deus que se manifesta ou a uma natureza que se comunica, o quc não se pode acreditar seriamente.[91]

Em segundo lugar, a justiça é um ideal irracional, cada indivíduo possui sua concepção de justiça como possui sua concepção de verdade.

Em terceiro lugar, pensando-se dessa maneira, deixa-se de estabelecer a diferença fundamental entre a lei da natureza (causal) e a norma social (estabelecida pelos homens), o que obscurece a separação entre natureza e sociedade.[92]

Finalmente, em quarto lugar, considerando-se todas as afirmações que confirmam o caráter absoluto dos dogmas jusnaturalistas, pode-se notar que elas mudam no espaço e no tempo.

Ora, nisto o postulado da imutabilidade – que é uma decorrência do caráter absoluto do direito natural – marca o direito natural como francamente incoerente, evidenciando sua fragilidade como regra social de controle.[93]

Assim, a justiça será sempre um problema de valores. Daí a necessidade de se considerar, segundo Kelsen, a diferença entre os "juízos de realidade" por um lado e, por outro, os "juízos de valor". Os "juízos de realidade" podem ser resolvidos com uma constatação experimental válida que forneça resposta para todas as situações semelhantes, mas os "juízos de valor" não encontram igual resolução com respeito a pessoas diferentes diante de um mesmo problema: a resposta nem sempre será parecida.[94] Diz Kelsen, "O problema dos valores é, antes de tudo, o problema dos conflitos de valores. E esse problema não poderá ser solucionado com os meios do conhecimento racional".[95]

Neste sentido, o plano de Kelsen é pensar a ordem jurídica como uma relação de comando e obediência que respeite um critério mínimo de objetividade ao estabelecer os comportamentos exigidos, porque os juízos de valor individuais são relativos.

Apesar disto, diz Kelsen, os seres humanos buscam respostas definitivas para a questão dos valores e as transferem para o plano dos comportamentos.

> "A necessidade de justificação absoluta, contudo, parece ser mais forte que qualquer reflexão racional. Por isso, o homem busca na religião ou na metafísica essa justificação, isto é, a justiça absoluta. Isso significa, todavia, que a justiça desse mundo é deslocada para um outro mundo, transcendente. Ela se torna sua qualidade essencial, e sua concretização se torna a função essencial de uma autoridade sobre-humana, uma divindade, cujas características e funções são, por sua natureza, inacessíveis à cognição humana. O homem deve

91. H. Kelsen (1927/1928), p. 120-121.
92. H. Kelsen (1927/1928), p. 127.
93. H. Kelsen (1927/1928), p. 130.
94. H. Kelsen (1957c), p. 5-6.
95. H. Kelsen (1957d), p. 4.

acreditar na existência de Deus, na existência de uma justiça absoluta, mas é incapaz de compreendê-la, quer dizer, de defini-la abstratamente. Aqueles que não conseguem aceitar uma tal solução para o problema da justiça, porém, sustentam a ideia de valores absolutos, na esperança de poder determiná-los de modo racional-científico, iludindo-se com quimera de ser possível encontrar na razão humana princípios básicos que constituam aqueles valores absolutos – os quais são na realidade constituídos por elementos emocionais. A determinação de valores absolutos em geral e a definição de justiça em particular, alcançados dessa maneira, revelam-se fórmulas totalmente vazias, através das quais toda e qualquer ordem social pode ser legitimada." (H. Kelsen, OJ, p. 11.)

Como consequência, o dogma do direito natural é desprestigiado por Kelsen, dentre outras razões, pelo fato de os teóricos do direito natural afirmarem que existe uma regulação claramente justa para as relações humanas. Observando esses critérios de determinação do justo, ou se supõe haver um Deus ou deuses por detrás dessa natureza, sendo, o direito natural, expressão de Sua vontade ou vontades, ou se considera que a natureza em si possui uma vontade e inteligência finalista que o homem consegue alcançar com o uso de sua razão.[96] Portanto, a natureza seria uma espécie de autoridade suprema à qual o homem deve obediência, um ser sobre-humano conformador dos seus atos e ciente de suas necessidades existenciais.

Mas todas estas fundamentações são falsas: como as regras constituem atos de vontade, e se deve ter acesso a esta vontade, chega-se à conclusão de que alguém precisa ser o "porta voz desta vontade". Por isto que o método religioso é inaceitável como teoria e o método revelador da "vontade da natureza" é insustentável:[97] há um problema de consistência lógica. Assim, Kelsen afirma que estas teorias apenas obscurecem a diferença existente entre as leis científicas da natureza e o mundo propriamente humano, o mundo das imputações.

Mas, em que pese essas considerações de Kelsen, há um segundo nível de argumentos que objetivam delinear uma resposta para a pergunta como se dá a determinação do que é certo ou errado nas relações sociais mútuas dos homens sem ser uma opção pelo absoluto. É dizer, se o critério da justiça apenas pode ser relativo (pois justiça absoluta é autoritarismo e escravidão), deve-se encontrar a forma política que favoreça a relatividade valorativa dos indivíduos.

Neste ponto, Kelsen coloca em sua teoria os princípios da "tolerância" e da "igualdade" como a base para essa forma política.[98] A "tolerância" resulta no respeito ao dissenso, na aceitação de valores diferentes que são apregoados; no que diz respeito à "igualdade", esta resulta do próprio fato de haver opiniões diferentes. Se se encontra margem a opiniões diferentes é porque não há nenhuma que seja imposta como a verdadeira prevalecendo sobre todas as demais opiniões.

96. H. Kelsen (1957c), p. 137.
97. H. Kelsen (1957d) p. 21-22.
98. H. Kelsen (1957d), p. 24-25.

Desse modo, Kelsen defende o modelo democrático de governo como o adequado para lidar com a diferença quando se está a estabelecer alguma regra de convivência para a coletividade. Para sustentar isto, num ensaio de 1948, "Absolutismo e Relativismo na Filosofia e na Política", ele tece considerações sobre a interferência da metafísica na política e a necessidade de afastá-la.

É o que será tratado a seguir.

4. Liberdade pela ciência

Já é possível notar que Kelsen estava a procura de uma forma de se equacionar a liberdade que expressasse, por assim dizer, uma "liberdade pela ciência".

Assim, Kelsen ataca todo espaço da ideologia e do imaginário ideológico-metafísico da organização social, promovendo uma "ideologia da anti-ideologia".[99] Como visto, tudo isso tornou-se perceptível quando Kelsen levou às últimas consequências os argumentos jusnaturalistas a respeito da justiça afirmando que não passam de questão mal colocada e confusões.

De fato, por um lado, afirma Kelsen que o caráter-limite do absolutismo filosófico é a existência de uma realidade absoluta, uma realidade existencial inacessível e independente do conhecimento humano, pois sua natureza é metafísica; por outro lado, para o relativismo filosófico, a realidade apenas existe enquanto objeto do conhecimento humano, com o que a realidade é relativa.[100]

Prosseguindo com suas considerações, Kelsen extrai do caráter metafísico do absolutismo filosófico uma tendência para o monoteísmo religioso e para a noção de perfeição; já com respeito ao relativismo filosófico, por ser antimetafísico, o circunscreve no âmbito do ceticismo.[101] E se o absolutismo filosófico interpreta o mundo em termos solidificados, o resultado obtido apenas pode ser uma desigualdade fundamental dos sujeitos em relação ao absoluto ou supremo; isto, diferentemente do relativismo filosófico, tendo em vista que este afasta as verdades absolutas colocando todos os sujeitos no mesmo patamar de iguais, dado que são sujeitos capazes de conhecer.

Do absolutismo e do relativismo na política e na filosofia, Kelsen enfatiza a aproximação: "Na política... – escreve – (...) o termo 'absolutismo' designa uma forma de governo em que o poder do Estado concentra-se nas mãos de um único indivíduo, ou seja, o governante cuja vontade é lei."[102] Aqui, o poder é ilimitado, sendo sinônimo de "despotismo", "ditadura" e "autocracia". Seu oposto – que se identifica com o relativismo filosófico – "é a democracia fundamentada nos princípios de liberdade e de igualdade". Em síntese, "... assim como a autocracia é o absolutismo político, e o absolutismo político tem seu paralelo no absolutismo

99. A. Carrino (1984), p. 210.
100. H. Kelsen (1933), p. 348.
101. H. Kelsen (1933), p. 338.
102. H. Kelsen (1933), p. 350.

filosófico, a democracia é o relativismo político, assemelhando-se ao relativismo filosófico".[103]

Portanto, para Kelsen, o absolutismo filosófico se assemelha à concepção do absolutismo político como também ao pensamento primitivo, pois todos remetem a bases metafísicas. Mas há distanciamentos, por certo, entre eles, ainda que recorram ao transcendente: no pensamento primitivo não há diferença entre o aqui e o além, pois ambos constituem uma mesma realidade.[104] Quanto à autocracia, há um aqui diferente de um além. Um "além" que se distancia do "aqui" em virtude da posição assumida pelo soberano diante das vontades e pensamentos subordinados. De tudo, infere-se que a partir desta comparação, encontra-se no pensamento de Kelsen uma "teologia política" – assunto que alçou notoriedade nos escritos de Carl Schmitt, principalmente no particular da temática da soberania.[105]

> "No antagonismo dessas duas teorias do Estado fica claro o contraste das concepções do mundo na qual têm suas últimas raízes o conflito de opiniões políticas. E tal contraste deriva da posição que se assume nos confrontos do absoluto. O problema decisivo encontra-se nesta alternativa: erigir como valor absoluto, e, pois, uma verdade e realidade absoluta ou assumir que o conhecimento humano pode atingir apenas valores relativos, e, portanto, uma verdade e uma realidade relativas. A fé no absoluto, que encontra raízes profundas no sentimento, constitui o pressuposto de uma concepção de mundo metafísica. A negação, sob o plano intelectivo deste pressuposto, a opinião que existe somente valores relativos e, pois, somente verdades relativas e que, portanto, cada valor e cada verdade – a par do indivíduo que os procura – devem estar sempre preparados para deixar o campo e a deixar substituir. Assim, conduzem a concepção própria do criticismo, do positivismo e do empiricismo, vale dizer, àquela orientação da filosofia e da ciência que faz jus à experiência positiva, isto é, a uma dada experiência, compreensível sob o plano dos sentidos e do intelecto, mutável e sempre em mutação, respondendo assim a ideia do absoluto que transcende a da experiência. Este contraste de concepções de mundo corresponde ao contraste de comportamento político fundamental. Ou seja: a concepção metafísico-absolutista se associa ao comportamento autocrático; e a concepção crítico-relativista, que é científica, se alia ao comportamento democrático." (H. Kelsen, CM, p. 56.)

Portanto, a noção da relatividade política está em tudo conforme com a relatividade dos valores e com o caráter essencialmente ideológico que Kelsen atribui à política legislativa, pois como expressão desses valores em disputa as normas produzidas podem se tornar antagônicas no tempo, o que está a depender apenas das forças em disputa por seu conteúdo.

103. H. KELSEN (1933), p. 350.
104. H. KELSEN (1933), p. 226-227.
105. C. SCHMITT (1988).

Além disso, contrariamente ao professado pela fé absolutista, essa relativização enseja um campo de discussão que, fazendo parte da própria ordem normativamente estabelecida, conduz Kelsen a defender a democracia e a tolerância como caminhos racionais de convívio, porque a base do procedimento democrático não é a eleição de um valor absoluto, mas possibilitar a existência de muitos valores em disputa.

Nesse ponto, outro aspecto deve ser reforçado: para Kelsen, a organização social, a ordem jurídica enfim, não pode ser estabelecida com base no critério subjetivo de justiça, pois as concepções do justo são múltiplas.

Portanto, do núcleo argumentativo de Kelsen, chega-se à compreensão de seu sentido, eis que ataca toda forma de alienação, relativizando os valores absolutos. "Ordem", "norma", "Estado", "autoridade": tudo remete a um ponto em comum. Da descrição da superação da luta metafísica entre o bem e o mal, Kelsen, com essa análise, afirma não apenas a autodeterminação do homem com respeito ao futuro, mas afirma a sua responsabilidade histórica.

Com efeito, a teoria do conhecimento de Kelsen e sua apreciação relativista dos valores resulta na opção a favor do compromisso político com o regime democrático, única forma de se lidar com as diferenças de opiniões.

Em resumo, sob o ponto de vista epistemológico, Kelsen busca um modelo teórico isento de traços metafísicos, com o que as teorias tradicionais do Estado com seus dualismos teóricos serão consideradas como herdeiras dos defeitos metodológicos e das contradições de inteligências não libertas pela ciência, e, assim, ainda perturbadas pelo obscurantismo primitivo.[106]

5. Conclusões

a) Para Kelsen, partindo-se da hipótese de uma natureza humana belicosa, o homem, em sua camada psicológica mais profunda, é irracional e agressivo. Por essa razão entende que a presença do Estado é fundamental para promover a organização social. No período em que o Estado inexistia como força constritiva, as projeções decorrentes do imaginário auxiliaram na ordenação do grupo. Essa ordenação vinculava os membros do grupo a normas atadas ao passado e não raro a explicações fantasiosas que são as respostas do homem com parca noção de si diante do mundo que o cerca;

b) As doutrinas jusnaturalistas nada mais são que projeções remanescentes do pensamento primitivo. Como projeções, devem ser eliminadas do pensamento jurídico e substituídas por um conhecimento seguro e objetivo;

c) Segundo Kelsen, é a presença do pensamento primitivo, seja numa manifestação religiosa, seja numa manifestação de transferência psicológica, que faz

106. Veja, adiante, Capítulo 5, "O Estado como ordem normativa".

com que o Estado seja concebido de maneira dual ou com elementos diversos em sua composição pelos teóricos do Estado;

d) A gradual formulação de explicações para o mundo físico-natural, que seguiu como consequência de uma paulatina capacitação humana para explicar o mundo, é tributária do desenvolvimento teórico-científico e foi o passo fundamental para o homem se desvencilhar das mistificações;

e) A transferência das projeções do homem, de seus medos, das suas inseguranças, para a política, provoca a incompreensão do processo dos valores no grupo, absolutizando-os;

f) Os valores são relativos e apenas um método que assim os considere pode resolver o problema do dimensionamento da liberdade diante da constrição necessária para que a ordem social seja mantida. Neste sentido, deve-se afastar toda fundamentação com base na metafísica, substituindo-a pelas explicações científicas. Isto porque a absolutização dos valores resulta em governo autoritário e, portanto, na forte presença ideológica de um soberano que se quer fazer Deus como um grande Pai a determinar a vida de seus filhos, os súditos;

g) A partir do momento em que a razão humana teve condições de entender a natureza e desvendá-la, a autodeterminação humana, com respeito ao seu futuro, passou a ser possível, bem como a sua condição humana de compreender a liberdade e a responsabilidade histórica que envolve. Com isto, a resposta do homem para o problema da liberdade, que nada mais é que o problema do como viver com o outro, apenas pode ser obtida satisfatoriamente através de um método que atenda as exigências da ciência.

4

KELSEN E A INTERPRETAÇÃO JURÍDICA

1. Palavras iniciais

O propósito desta parte é tratar do tema da interpretação jurídica em Kelsen.

Sabe-se que, no Capítulo VIII do livro *Teoria Pura do Direito*, versão de 1960, Hans Kelsen dedica à interpretação jurídica um número reduzido de páginas.

Contudo, não foi apenas em 1960 que Kelsen se ocupou da interpretação no direito. Na realidade, embora a questão não seja tratada em 1911 (*Problemas Fundamentais de Direito Público*) e 1925 (*Teoria Geral do Estado*), no ano de 1934 é publicada a primeira versão do livro *Teoria Pura do Direito*, em que reproduz artigo datado do início do mesmo ano e intitulado, justamente, "Sobre a Teoria da Interpretação Jurídica". Em 1953, edita a versão francesa da obra, conhecida "versão intermediária" da Teoria Pura,[1] em que a abordagem é mantida praticamente intocada. Apenas a referida versão de 1960 apresenta novidades, razão pela qual parece estar justificada a atenção que a ela vou prestar. De todo modo, acrescente-se a informação de que o livro *Teoria Geral das Normas*, publicação póstuma, ano de 1979, não contém nenhuma teoria da interpretação jurídica, apenas poucas alusões praticamente restritas a notas.

Para evitar problemas indesejáveis, advirto ao leitor que me manterei centrado na análise da "atividade" interpretativa. Esta advertência é necessária porque, como não se desconhece, a expressão "interpretação jurídica" sofre de ambiguidade processo-produto. Tanto se pode, com ela, designar o "ato" de interpretar (processo) como, também, o "resultado" do ato interpretativo (produto). No mais,

1. A teoria da interpretação jurídica de Kelsen também é por ele exposta, poucos anos antes, na obra-síntese *O que é a Teoria Pura do Direito?*, de 1953. H. Kelsen (1953a), p. 24-30.

por razões expositivas, ligeiras alterações foram feitas em relação à cadência de desdobramentos, caso se as compare com a sequência da escrita de Kelsen.

2. O sentido da atividade interpretativa

Segundo Kelsen, "A interpretação é uma operação mental que acompanha o processo de aplicação do Direito no seu progredir de um escalão superior para um escalão inferior".[2] É através deste processo intelectual que se fixa o sentido da "norma".

Apesar de esse conceito parecer bastante amplo, há forte caráter restritivo nas palavras de Kelsen. Com vistas a demonstrar isso, partirei de um quadro geral (item 3) até alcançar, finalmente, este particular (item 6).

3. Quadro geral

É frequente, nas construções teóricas de Kelsen, a afirmação de ser a teoria pura uma teoria do direito em geral, não de um direito positivo em particular. Portanto, sem estar interessado em dizer como as normas de um ordenamento jurídico devem ser interpretadas, Kelsen procura o lugar que a atividade interpretativa ocupa no âmbito do direito.

Com essa finalidade, Kelsen sustenta que a atividade interpretativa é desenvolvida por dois grupos de sujeitos "interpretantes": os órgãos de aplicação normativa; e os particulares, sejam eles os destinatários em sentido amplo das normas ou os juristas.

Assim, enquanto os "órgãos de aplicação" normativa realizam a interpretação que Kelsen designa de "autêntica", os particulares realizam a interpretação definida como "não-autêntica". Agrupada também na interpretação não-autêntica, encontra-se a interpretação "científica" (*i.e.*, "acadêmica"). Em síntese, três são os pontos iniciais de compreensão:

a) os "sujeitos" da atividade interpretativa;

b) a "função" interpretativa desempenhada; e

c) o "objeto" da interpretação.

3.1 Os "sujeitos" da atividade interpretativa

Como consta do quadro anterior, Kelsen distingue os processos interpretativos em "autênticos" e "não-autênticos". A esta classificação, relaciona os sujeitos da atividade interpretativa.

Portanto:

2. H. Kelsen (1960), p. 387.

(1) Os sujeitos da interpretação jurídica que realizam a interpretação "autêntica" são os "órgãos" encarregados "burocraticamente" da tarefa de "aplicar" o direito;

(2) Por outro lado, os sujeitos da interpretação "não-autêntica" são tanto os destinatários não especializados afetados pelas normas jurídicas, quanto os juristas.

Como órgão de aplicação jurídica, Kelsen reconhece o órgão legislativo (órgão que aplica a constituição e as normas superiores), o órgão judicial (porquanto estes aplicam as normas gerais com o objetivo de ditarem as normas individuais, *i.e.*, as sentenças), e as instâncias administrativas (que ditam as resoluções administrativas, fazendo cumprir as sentenças).

No que diz respeito aos particulares, assinala a presença dos destinatários pelo motivo de estes terem de interpretar os materiais jurídicos para observarem as normas, sempre, com vistas a evitar a sanção; já os juristas são retratados como atores "técnicos" que, como tais, podem exercer funções distintas: ou bem a) praticam ciência ou b) política jurídica, a depender da postura assumida diante do conjunto normativo, como veremos mais à frente.[3]

3.2 "Função" interpretativa

A "função" que os sujeitos da interpretação podem desempenhar são duas: função "política" ou função "científica". Como o propósito maior da teoria pura é "(...) garantir um conhecimento apenas dirigido ao Direito e excluir deste conhecimento tudo quanto não pertença ao seu objeto...",[4] o que interessa a Kelsen é a interpretação "científica".

Por interpretação "científica" Kelsen denomina a interpretação que evidencia, descritivamente, o campo de possibilidades semânticas da norma. Como o papel da ciência é "descrever", isto o leva a excluir dessa etiqueta toda interpretação que implique algum processo de escolha dentre os sentidos pensáveis de um material jurídico. Kelsen, deste modo, relaciona o ato de "escolha" de um dos "sentidos" da norma à valoração, e, por conseguinte, à política jurídica. Consequência disto é que a distinção entre a interpretação realizada pela "autoridade jurídica" e a realizada pela "ciência jurídica" deve-se ao fato de a primeira ser sempre técnica e obrigatória juridicamente, ao passo que a segunda não tem efetividade jurídica, não vincula, é conhecimento puro.[5]

Assim, com a expressão "interpretação científica" Kelsen identifica a interpretação que explicita ou apresenta uma "moldura interpretativa", um leque de possibilidades de sentido, e não a defesa de um sentido normativo específico. Exatamente porque no ato de fornecer as possibilidades interpretativas há descrição, ela não é

3. Veja item 7.
4. H. KELSEN (1960), p. 1.
5. H. KELSEN (1953a), p. 25.

prescritiva. Atuar como "cientista", para Kelsen, é assumir postura de "relatório" (função "descritiva" da linguagem), não de "comando" (função "prescritiva"). Portanto, quando um advogado aconselha seu cliente, ele atua no campo da política jurídica, mas, quando age como "jurista", ele pratica a ciência jurídica, é dizer, não se compromete com qualquer sentido potencial.

3.3 O "objeto" da atividade interpretativa

Segundo Kelsen, o "objeto" da interpretação são as "normas". Sem embargo, o vocábulo "norma" tem sido utilizado de modo instável, tanto na linguagem comum quanto na técnica.[6] Se, por vezes, por "norma" tem-se denominado os "textos legais", outras vezes por "norma" os autores referem-se ao "texto interpretado". Isso é perceptível nas seguintes frases: "A Constituição da República é uma norma"; "O legislador produz normas"; "Leia a norma X do Código civil".

O problema deste uso despreocupado, ou mesmo ingênuo, é que ele decorre de indisfarçável confusão de ideias; confusão que, desgraçadamente, é muito comum e que consiste na identificação dos enunciados legislativos com os significados desses enunciados. Daí resultar reforçada a impropriedade de frases como estas: "O juiz interpretou a norma", "Você não aplicou adequadamente o artigo Y", e assim sucessivamente. É dizer, há confusão entre os signos gráficos de uma língua natural (os textos) com o que tais signos exprimem ou significam (o sentido). Atente-se: as "normas" não são os textos, mas os resultados da interpretação de textos; enfim, da "legislação". Portanto, não se interpretam normas, mas estas são aplicadas; além disso, os textos não são aplicados, mas interpretados.

Todavia, Kelsen em nenhum momento se ocupa, propriamente, desta distinção. Na realidade, de suas considerações, apenas se encontram, ocasionalmente, passagens que indicam a possibilidade de as normas terem muitos sentidos. Não obstante, parágrafos como os seguintes autorizam afirmar a noção implícita de Kelsen sobre o fato de a interpretação ser uma atribuição de sentido a "textos".[7]

> "Se por 'interpretação' se entende a verificação do sentido da norma a aplicar-se, o resultado desta atividade somente pode ser a verificação do marco que representa a norma a qual se interpreta e, portanto, o conhecimento das inúmeras possibilidades que estão compreendidas dentro deste marco." (H. Kelsen, TP1, p. 131.)

> "Se por 'interpretação' se entende a fixação por via cognoscitiva do sentido do objeto a interpretar, o resultado de uma interpretação jurídica somente pode ser a fixação da moldura que representa o Direito a interpretar e, consequentemente, o conhecimento das várias possibilidades que dentro desta moldura existem." (H. Kelsen, TP2, p. 390.)

6. Seja permitido indicar, para maior aprofundamento, o meu *Introdução à Teoria do Direito*, Capítulo II, "Norma Jurídica".

7. H. Kelsen (1960), p. 390.

Portanto, quando Kelsen faz referência à ciência jurídica ("interpretação científica"), ele está se referindo, na maior parte das vezes, aos textos legais, às formulações sobre as quais se processa a atividade interpretativa com vistas à exposição de seus possíveis sentidos. Ademais, está em sua construção que os textos normativos são passíveis de apresentarem várias possibilidades de interpretação, pois a linguagem é um campo "aberto".

4. A interpretação "não-autêntica" vista mais de perto

"Científica" é a interpretação não-autêntica realizada por um sujeito "de fora" da atividade de órgão de aplicação, cuja realização prática consiste em fornecer uma "moldura interpretativa" correspondente às possibilidades semânticas do texto legal.

Assim, segundo Kelsen, devem-se distinguir as "normas" das "construções" que os teóricos "formulam a respeito das normas". Ou seja, devem-se separar as formulações "sobre" ou a "respeito" das normas, das prescrições "normativas": determinações que expressam comandos, deveres, ordens. Àquelas, Kelsen designa "proposições" (discurso dos juristas, descrições); estas, ele chama de "normas" (discurso dos "legisladores", prescrições).

Exatamente por isso a expressão "linguagem jurídica" é muitas vezes ambígua: pode-se tanto estar referindo à linguagem dos legisladores (a linguagem prescritiva), quanto à linguagem dos cientistas do direito (a linguagem descritiva).

Sendo atividade de "conhecimento", a "ciência do direito" apresenta a interpretação dos textos legais sem excluir qualquer possibilidade semântica sua.[8] Dessa forma, o jurista, como cientista do direito, pode, somente, expor o direito, analisá-lo, definir os conceitos necessários para sua compreensão.

Portanto, é imprescindível que o teórico ou cientista do direito seja meticuloso na exposição destas possibilidades, buscando, inclusive, o que não estava na visão do órgão editor (ou das partes contratantes), ainda que isso possa ser indesejável aos olhos da política. Pois este é um dos postulados da "teoria pura": a despolitização do empreendimento que se pretende de conhecimento.[9] Ou seja, a teoria pura não busca indicar qual é o direito "reto", "justo", "ideal". Como ciência do direito, suas proposições (discurso sobre as normas) apenas descrevem o direito tal como é criado pelos costumes, pela legislação, pelas decisões judiciais.

8. H. Kelsen (1953a), p. 29.

9. "Despolitização" da "ciência", e não do "direito", como às vezes se afirma. Isso significa que Kelsen está preocupado com uma descrição que não seja informada por "juízos políticos", o que é completamente diferente de afirmar que pretende um "direito puro". O "direito", sabe muito bem Kelsen, não pode ser puro, porquanto o direito é instrumento da política. Sua construção teórica apenas defende que o direito, todo direito, deve ser descrito sem que o teórico se exima dizendo: "já que eu não concordo com os valores desse ordenamento jurídico eu não o considerarei".

Entretanto, não se deve concluir das afirmações de Kelsen que ele não tenha notado a situação de alguns juristas de, ao invés de manterem-se limitados às potencialidades dos materiais jurídicos (os seus possíveis sentidos), de preferirem afirmar uma "melhor" interpretação. Para Kelsen, conquanto essa prática seja comum, ela consiste em atividade de política-jurídica disfarçada, não de ciência jurídica.[10] Neste sentido, a atividade do doutrinador é científica apenas até o momento em que expõe as potencialidades do quadro interpretativo; a partir do momento em que sustenta haver um sentido normativo a que se deve preferir em prejuízo dos demais sentidos possíveis, deixa o teórico o campo da descrição e passa para o campo da ideologia.

No entanto, Kelsen sabe que a política jurídica de apresentar apenas uma interpretação quando outras tantas interpretações são pensáveis pode ter grandes vantagens. Uma delas – e, talvez, a principal – é a de fornecer a sensação de "univocidade" nas construções legislativas; outra, é a sensação de o campo jurídico ser seguro, de não haver discrepâncias nos materiais jurídicos produzidos pelas autoridades. Como não passam de impressões pessoais, têm-se, assim, apenas manifestações do que "deveria" ser, não do que "é". Trata-se, mais uma vez, de "política jurídica", de posicionamentos "ideológicos", de "desejos", não de descrições.

5. A interpretação "autêntica" vista mais de perto

Segundo Kelsen, "interpretar" é uma atividade imprescindível para o direito. A este respeito, conforme analisado, isto não significa que todas as atividades interpretativas desempenhem uma mesma função. Isso porque, tanto se pode interpretar com vistas a *a)* "expor os sentidos pensáveis" a respeito de um documento legal, como se pode, de outro modo, *b)* defender uma "única interpretação". Para diferenciá-las, foi visto que Kelsen designa a primeira de "interpretação científica"; e a segunda, de "política jurídica". Três pontos estão a completar essa abordagem: 1) a ideia de "criação jurídica" como processo de "determinação" do direito; 2) as "indeterminações" do direito; e 3) o significado técnico dos "métodos de interpretação" no plano da construção em apreço.

É o que será analisado a partir de agora.

5.1 "Criação jurídica" como processo de "determinação" do direito

Por "dinâmica jurídica" deve-se entender a atividade de produzir normas no exercício de um poder jurídico, *i.e.*, de uma competência atribuída pelo próprio ordenamento.[11]

De fato, Kelsen utiliza a expressão "dinâmica jurídica" para afirmar ser esta a característica dos conjuntos normativos "jurídicos" em oposição aos conjuntos

10. H. Kelsen (1934), p. 131-132; *Idem* (1960), p. 396.

11. Para o ponto, Capítulo 1, "Teoria Pura do Direito", item 5.

normativos "morais". Aliás, é neste sentido que Kelsen defende serem os conjuntos normativos morais caracterizados por normas "inferidas" de outras normas (sistema "estático"). Aqui, apenas há "explicitações" de algo já presente nas normas mais gerais. Normas tais como "não deves mentir", "não deves enganar", "deves ser fiel à tua promessa" são deduzíveis de uma norma geral que prescreve a honestidade. Da norma "amarás o teu semelhante", podem-se deduzir normas como "não deves ferir teu semelhante", "deves ajudá-lo quando ele estiver necessitado", e assim por diante.[12]

A relação normativa presente nos ordenamentos jurídicos, diz Kelsen, é dinâmica. "Dinâmica" porque normas são produzidas a partir de autorizações iniciadas por uma norma base autorizadora. Além disso, é possível que o poder instituído de um ordenamento jurídico seja conferido a outras autoridades. Neste caso, terá ocorrido o fenômeno da "delegação". Com isso, Kelsen inclui em suas considerações a informação de o direito não apenas ser composto por um conjunto normativo de "índole dinâmica", mas também dotado de "cadeias de autorização".[13]

Nesses termos, é exatamente pelo fato de cada norma encontrar sua validade na norma hierarquicamente superior que se forma a estrutura de pirâmide tão conhecida em sua obra. A esta relação entre o grau superior e o grau inferior Kelsen se refere como "concretização", "determinação" ou "ligação".[14]

Seja como for, Kelsen entende que os sucessivos atos de "determinação" nunca são completos, pois em todos os casos nos deparamos com uma "indeterminação" do direito aplicável. Esta indeterminação encontra-se em todos os níveis do escalonamento normativo. Ou seja, o processo de produção normativa que se dá, da norma superior para a norma inferior, não implica uma determinação completa de seu conteúdo.[15] Há sempre uma margem, ora maior ora menor, de apreciação no ato interpretativo-aplicativo, mesmo na ordem jurídica mais regulada.

Por essa razão, o processo interpretativo dos órgãos do Estado é tanto de aplicação quanto de criação. Daí que Kelsen equipara qualitativamente o elemento decisório do ato de legislar com o elemento decisório da aplicação do direito. A interpretação realizada pela autoridade jurídica se resume na interpretação de uma norma superior que deve ser aplicada pela autoridade jurídica no estabelecimento de uma norma inferior, dissolvendo, assim, os pontos de indeterminação "criando" direito: a Constituição é determinada pelas leis e estas pelas sentenças, até chegar-se no plano puramente de execução.[16] Esta indeterminação, diz Kelsen, pode ser tanto "intencional" como "não intencional".

12. H. Kelsen (1945), p. 164.
13. H. Kelsen (1960), p. 217-221.
14. H. Kelsen (1934), p. 127; *Idem* (1960), p. 392.
15. H. Kelsen (1934), p. 127; *Idem* (1953b), p. 135-136; *Idem* (1960), p. 388.
16. H. Kelsen (1945), p. 193-194.

5.2 Indeterminação "intencional" e indeterminação "não intencional"

Por "indeterminação intencional" Kelsen reconhece a situação em que os campos abertos são propositalmente buscados pelo legislador. Para explicar isso, fornece dois exemplos.

O primeiro exemplo é o da situação em que se encontra o órgão aplicador de estar facultado a preencher a indeterminação que afeta o "fato condicionante":

> "Uma lei sanitária determina que, ao manifestar-se uma epidemia, os habitantes de uma cidade têm de, sob cominação de uma pena, tomar certas medidas para evitar o alastramento da doença. A autoridade administrativa é autorizada a determinar essas medidas por diferentes maneiras, conforme as diferentes doenças." (H. Kelsen, TP2, p. 389)

O segundo exemplo é o de ter o órgão aplicador de concretizar a "consequência condicionada":

> "A lei penal prevê, para a hipótese de um determinado delito, uma pena pecuniária (multa) ou uma pena de prisão, e deixa ao juiz a faculdade de, no caso concreto, se decidir por uma ou pela outra e determinar a medida das mesmas – podendo, para esta determinação, ser fixado na própria lei um limite máximo e um limite mínimo." (H. Kelsen. TP2, p. 389)

Com respeito à "indeterminação não intencional", Kelsen se refere às situações "não buscadas pelo legislador", de modo que se infere serem "defeitos técnicos" cometidos no processo de produção normativa. Três são os defeitos que menciona: 1) ambiguidade; 2) discrepância normativa; e 3) as contradições normativas.[17]

1) "Ambiguidade": ocorre quando falta univocidade no sentido linguístico de uma palavra isolada ou de uma sequência de palavras por meio das quais se expressa uma norma;

2) "Discrepância normativa": da mesma origem que o defeito anterior, a discrepância consiste no distanciamento da vontade do editor do comando de suas possibilidades semânticas. Esse distanciamento pode ser tanto "parcial" quanto "total". Será parcial quando a discrepância se der em relação a apenas alguns dos possíveis significados da norma; será "total" quando alcançar todos os possíveis significados da norma;

3) "Contradições normativas": decorre do fato de duas normas, que pretendem valer simultaneamente, oporem-se total ou parcialmente. Esta é a situação conhecida como de antinomia jurídica (conflito de normas).

Note-se que o defeito n. 1 amplia, consideravelmente, os significados possíveis do texto normativo; o defeito n. 2 consiste na dissociação entre o pretendido e o efetivamente logrado;[18] o defeito n. 3 gera instabilidade no conjunto normativo e

17. H. Kelsen (1934), p. 130; *Idem* (1960), p. 389-390; *Idem* (1973), p. 376-377.

18. J. L. Austin (1962), p. 101.

dificuldades de compreensão da parte do destinatário, o que pode comprometer sua visão do que "é devido" e do que "é permitido".

Por fim, enfatize-se que a criação da constituição jurídico-positiva e os atos de execução constituem exceção à regra de especificação ou determinação ínsita à atividade dos órgãos estatais. Isso porque, se a criação referida por Kelsen decorre de uma norma superior que deixa algum campo de indeterminação, no caso da constituição, o texto constitucional apenas é precedido pelo ato do poder político de formulá-lo; quanto à execução, ela é mero ato de aplicação, sem qualquer espaço criativo.[19]

6. Os métodos de interpretação

A interpretação científica é um "ato de conhecimento"; a interpretação autêntica um "ato de vontade". Tendo em atenção estas distinções, Kelsen as relaciona às reais possibilidades dos chamados "métodos de interpretação".[20]

Por "métodos de interpretação" Kelsen designa as técnicas empregadas pelos intérpretes com o objetivo de evidenciar o sentido dos textos legais.

Segundo Kelsen, os métodos interpretativos são instrumentos ideológicos da afirmação de sentidos. Assim, não existe critério que permita assinalar qual opção técnica é melhor frente às demais; todas são igualmente possíveis e válidas.[21]

Disso resulta que os métodos de interpretação não configuram caminho seguro para se obter um resultado único correto.[22] É plenamente factível que haja interpretações opostas, o que apenas significa, do ponto de vista do direito positivo, que essas possibilidades de aplicação jurídica encontram-se no mesmo plano. Exatamente por haver várias possibilidades interpretativas, Kelsen conclui que a atividade do órgão aplicador é uma escolha; e essa escolha é ato político-ideológico. Dessa forma, constata que a interpretação realizada pela autoridade jurídica não é função pura de conhecimento, mas ato de criação do direito.[23]

Todavia, sabe Kelsen que todo ato de decisão de um órgão aplicador é precedido por uma leitura das opções de sentido disponíveis, de modo que forma-se um "quadro interpretativo". Ou seja, os órgãos aplicadores sempre desenvolvem uma interpretação científica como ato "preliminar" ao ato "decisório": a atividade dos órgãos aplicadores é de conhecimento e é manifestação de ato de vontade; primeiro há o desenho do quadro interpretativo que corresponde às possibilidades de sentido; depois, a escolha por uma delas.

Em síntese, deve-se notar, quanto à interpretação não-autêntica, a relação existente entre "conhecer" e "aplicar": o "conhecimento" dos textos legais é tanto

19. Ver, neste volume, Capítulo 1, "Teoria Pura do Direito".
20. H. Kelsen (1934), p. 133-134; *Idem* (1953b), p. 138-139; *Idem* (1960), p. 391-392.
21. H. Kelsen (1953b), p. 139; *Idem* (1960), p. 392.
22. H. Kelsen (1934), p. 131-132.
23. H. Kelsen (1953a), p. 27; *Idem* (1960), p. 391-392.

passagem necessária para se determinar tanto as soluções dos "casos" (I-apl1) quanto para a produção de outros materiais jurídicos (I-apl2). Portanto, ainda que Kelsen realize uma separação "forte" entre ambos, não tem como se eximir da precedência do conhecimento antes da escolha por um sentido em particular.

7. Interpretação em sentido "geral" e em sentido "específico"

Considerando-se o que foi dito nos itens anteriores, pode-se identificar um sentido "geral" e um sentido "específico" de interpretação em Kelsen, ainda que ele propriamente não diga isso.

No seu sentido "geral", por "interpretação" deve-se entender o processo intelectual que se traduz na averiguação do conteúdo de um texto legal.

Em sentido "específico", podem-se repetir as palavras de Kelsen já destacadas: "A interpretação é uma operação mental que acompanha o processo de aplicação do Direito (*i.e.*, das normas jurídicas) no seu progredir de um escalão superior para um escalão inferior". Isso porque trata-se de descrição da atividade específica desempenhada pelos intérpretes que produzem a interpretação "autêntica". E se a interpretação é autêntica, disso decorre que sua interpretação-aplicação é obrigatória para seus destinatários; ao menos, até que seja revogada ou anulada por um procedimento jurídico suficiente para tanto.

8. Conclusões

a) Kelsen, em sua "teoria da interpretação jurídica", parte de uma definição restrita, logo no início do Capítulo VIII da "Teoria Pura do Direito", segunda versão. Conforme entende, "interpretação autêntica" é uma atividade atinente aos órgãos aplicadores do Direito;

b) Para bem entender sua teoria, deve-se compreender, inicialmente, os conceitos de "sujeitos" da interpretação, "função" interpretativa e "objeto" da interpretação, pois essa divisão permite fornecer um quadro geral de sua construção teórica. Os sujeitos da interpretação são os órgãos de aplicação e os particulares (sejam eles destinatários gerais ou os juristas). As funções que exercem basicamente são de "interpretação-aplicação" (política jurídica), "interpretação para evitar a sanção" (política jurídica) e "descrição" (interpretação científica). O objeto da atividade interpretativa são os "textos legais";

c) Para Kelsen, a interpretação jurídica ou é "autêntica" ou é "não-autêntica". Diz-se ser "autêntica" quando decorre da interpretação dos órgãos de aplicação jurídica; por exclusão, todas as demais são "não-autênticas". Nesta última categoria está incluída a interpretação científica. A interpretação científica diferencia-se da política jurídica, pois, na primeira, para Kelsen, há apenas "descrição", ao passo que, para a última, há a eleição de um sentido, sua natureza é ideológica;

d) O direito é essencialmente dinâmico. A produção de suas normas deve-se a sucessivos atos de criação jurídica correspondentes às competências que a própria ordem jurídica atribui. Todo ato de interpretação-aplicação realizado pelos órgãos de produção é ato de criação jurídica. Isso se deve ao caráter não exaustivo das previsões normativas, de modo que, de escalão para escalão, tem-se o que Kelsen chama de "determinação" do direito, sua contínua especificação. Contudo, há duas exceções: a produção da constituição (que é só criação) e os atos de execução (pois eles são apenas atos de aplicação);

e) Está no plano explicativo da criação do direito por parte dos intérpretes-aplicadores o fato de haver, em todos os escalões normativos, indeterminações. Essas indeterminações podem ser tanto "intencionais" quanto "não intencionais". "Intencionais" são as indeterminações deixadas como tal de propósito pelos "legisladores", com o objetivo de melhor possibilitarem as resoluções dos casos concretos; "não intencionais" são as indeterminações decorrentes dos defeitos de técnica legislativa;

f) Os métodos de interpretação não são conclusivos a respeito de qual sentido normativo (havendo mais de um) deve ser escolhido pelo intérprete. Desse modo, toda afirmação de um sentido decorre da postura ideológica que o intérprete assume em seu manejo político do ordenamento jurídico.

5

O ESTADO COMO ORDEM NORMATIVA

1. Palavras iniciais

Em fevereiro de 1911 Kelsen publica, sob os cuidados de J.C.B. Mohr, a obra *Problemas Fundamentais do Direito Público*. Nela, Kelsen trata, em momentos diversos, da compreensão do Estado e de sua configuração normativa. Tal é perceptível já na primeira parte do livro segundo quando, no capítulo sexto, mantém sua atenção voltada para o tema da "vontade do Estado", argumento que relaciona com as noções de "obrigação jurídica estatal" e o "papel de seus órgãos" no sucessivo livro terceiro, capítulos XIV, XV e XVI.

Com respeito a isso, destaque-se que as décadas de 20 e 30 são particularmente importantes para a teoria do Estado de Kelsen. Depois de ter marcado forte oposição às interferências sociológicas no campo jurídico, assume a tarefa de consolidar seus resultados mais expressivos.

Assim, em escritos como *O Conceito Sociológico e o Conceito Jurídico do Estado*, ano de 1922, *Teoria Geral do Estado*, 1925, e a primeira edição da *Teoria Pura do Direito*, ano de 1934, tece considerações a respeito da pessoa jurídica, da identificação entre Direito e Estado, e acusa de pseudoproblemas os que não mantém a normatividade como referência. Desse modo, a relevância desta fase fica bastante clara quando se compara estes esforços de Kelsen com o seu trabalho estadunidense de 1945, *Teoria Geral do Direito e do Estado*, cujo lugar no universo teórico de Kelsen é de obra acabada no que toca os lineamentos do Estado, apesar das considerações posteriores feitas na *Teoria Pura...*, de 1960.

Tudo considerado, o meu objetivo neste capítulo é duplo: a) apresentar pontos específicos do pensamento de Kelsen no que diz respeito ao enquadramento normativo do Estado; e b) agrupar seus empreendimentos de maneira que seja possível ao leitor notar as soluções fornecidas por Kelsen como substitutas ao que ele costumava chamar de "as teorias de potente influxo".[1] Para isso, no item 2, iniciarei as minhas considerações com a análise de um dos pontos imprescindíveis para a compreensão do Estado na teoria kelseniana: a ideia de que há um impulso humano de personificar as coisas.[2] Na sequência, item 3, o conceito de pessoa é exposto, analisado, e delimitado juridicamente. Contudo, de nada adiantaria apresentar estes matizes se escapasse ao leitor o real problema de Kelsen: reduzir as teorias predecessoras à base normativa. Portanto, nos itens 4 e 5, vou apresentar as informações necessárias para que, no item 6, os aportes críticos de Kelsen façam o devido sentido. Feito isso, no item 7, a tarefa é completada com a apresentação da delimitação de Kelsen dos "elementos constitutivos do Estado" na teoria constitucional.

2. Sujeitos jurídicos

Para Kelsen, as teorias tradicionais distinguem "pessoa física" de "pessoa jurídica" através de um critério banal: pessoa física é o ser humano; pessoa jurídica não o é.[3] Aliás, afirma ser essa a distinção utilizada por Austin. John Austin, de fato, entende ser pessoa física "... um ser humano investido de direitos ou considerado como sujeito de deveres".[4] Segundo Kelsen, esta atribuição de deveres e direitos a uma pessoa identificada como "homem", apenas encontra explicação na necessidade humano-psíquica de personificar as coisas, uma necessidade do ser humano de ver imagens, uma "projeção do Eu".[5]

A propósito, em escrito datado de 1919, Kelsen, voltado para os trabalhos de Vaihinger, precisamente a teoria do "Como-se" (*Als-Ob*), aceita a noção das "ficções personificativas", dizendo: "O conceito de sujeito jurídico... nasce de uma 'tendência do gênero humano' de conferir realidade a algo fictício e de firmar de modo tangível em forma de pessoa, de sujeito, tudo aquilo que é puramente ideal."[6]

Tal compreensão, Kelsen manterá sempre presente em seus trabalhos, o que se pode constatar em sua *Teoria Geral do Direito e do Estado*, editada quase três décadas mais tarde. Estes os seus termos: "O pensamento jurídico não se satisfaz com o conhecimento de que certa ação ou omissão humana forma o conteúdo de um dever ou direito. Deve existir algo que 'tem' o dever ou o direito."[7]

Assim, entende Kelsen, como toda personificação, também a personificação do Estado esconde, com o ilusionismo da simplificação ilustrativa, uma série de relações unidas por imagens, por mitologias, por metáforas. E isto é particularmente significativo: o próprio impulso de se ver uma essencial vontade ou um

1. H. Kelsen (1911), p. 14.
2. Para outros detalhes: Capítulo 3, "Kelsen, a Liberdade e a Ordem".
3. H. Kelsen (1945), p. 175.
4. J. Austin (1929), p. 350-351.
5. H. Kelsen (1922a), p. 7.
6. H. Kelsen (1922a), p.
7. H. Kelsen (1945), p. 135.

querer subjetivo atribuído a alguém remete o homem ao esforço de radicar no Estado certo "espírito humano", o mesmo valendo para a conversão dessa noção em instrumento auxiliar do pensamento, vertendo-a em ente real, como se o Estado fosse um ser empírico.[8] É dizer, "Trata-se somente de um caso particular da 'tendência universal do pensamento' de se transformar aquilo que não passa de mero instrumento do conhecimento em 'outro objeto do conhecimento'."[9] Mas, de fato, esta duplicação nada mais é que uma tautologia. Portanto, entende Kelsen, cortes devem ser feitos para se evitar tal equívoco.

A partir deste ponto, Kelsen não deixa escapar questões como as da "alma", que para o psicólogo nada mais é que a "psique", e da "força", que, para a física, é uma construção. Deste particular aspecto, por sua vez, cuidou atentamente em escrito que data de 1927, intitulado "O Conceito de Estado e a Psicanálise", cujo fundo teórico continuou sendo o de haver uma tendência humana de ceder a projeções mitificadas que produzem, no pensamento, duplicações do objeto que se quer conhecer.[10]

Com estes fundamentos, o aspecto técnico da teoria de Kelsen ganha em clareza distintiva: uma coisa é o "Homem", conceito da biologia e da fisiologia, *i.e.*, das ciências naturais; outra é "pessoa", conceito do direito, com o que esta designação apenas esconde o referente normativo.

Mas, se não se deve assimilar homem a pessoa, então como deve ser concebido o sujeito das relações jurídicas?

3. Pessoa jurídica física, pessoa jurídica coletiva e Estado

Sabe Kelsen que existem dois critérios distintos que emergem de dois tipos de pessoa: a pessoa física (ou natural) e a pessoa jurídica (ou fictícia). Para a compreensão de ambos é imprescindível a compreensão dos conceitos de "dever" e "direitos".

Quando alguém tem uma conduta determinada pelo conjunto normativo, diz-se possuir um dever jurídico. Portanto, "dever jurídico" quer dizer que uma conduta oposta é tornada pressuposto de uma sanção ou consequência jurídica.[11] "Direito", na acepção normativa, significa que há a atribuição de agir conferida por normas a alguém.[12] E se esse alguém age vinculando outros sujeitos de direito, diz-se possuir um "poder jurídico"; ou seja, que, nos termos de um ordenamento jurídico, são produzidas normas jurídicas através de determinados atos seus.

8. H. Kelsen (1922a), p. 7-8.
9. H. Kelsen (1922a), p. 7-8.
10. H. Kelsen (1927a), p. 171-172.
11. H. Kelsen (1960), p. 188.
12. H. Kelsen (1979), p. 158-160.

3.1 Pessoas físicas

Com efeito, a pessoa, habitualmente designada de pessoa física, corresponde, segundo Kelsen, ao conjunto de normas jurídicas enquanto contenha alguma referência à conduta de um indivíduo. Portanto, "pessoa física" é um conjunto de direitos e obrigações que são imputados a um só indivíduo. Esta a sua fórmula canônica: "Se deveres e direitos 'q' são imputados apenas a um indivíduo 'X', este indivíduo 'X' é uma pessoa física 'Pf'". Portanto, Pf= {q:q seja um ato jurídico imputado X}.

Assim, para Kelsen, o termo "pessoa" apenas possui um valor "nominal", pois apenas remete a um conjunto de normas. Procedendo desta maneira, Kelsen inverte a posição tão comum ao jusnaturalismo de se partir de uma percepção de "Homem" para, dele, extrair direitos que já lhe são próprios por nascimento. Diz Kelsen: "A pessoa existe apenas na medida em que 'tem' (é) deveres e direitos; separada deles, a pessoa não tem qualquer existência."[13] E ademais: "A 'pessoa *A*' é a abrangência de todas as normas jurídicas, qualificando os atos de *A* como deveres e direitos. Atingimos a 'personalidade de *A*' quando concebemos essas normas como formando uma única unidade, a qual personificamos."[14]

Com isso, a noção de pessoa envolve apenas imputações (atribuições baseadas em normas) que são personificadas. Portanto, "personificar" consiste no ato de se considerar a pessoa física como um homem quando, na realidade, é uma "estampa", uma nomenclatura para as normas jurídicas. Dessa forma, Kelsen afirma que o conceito de pessoa constitui apenas técnica auxiliar de análise das normas.[15]

> "O conjunto das regras que se aplicam à conduta de um só indivíduo, constitui uma ordem parcial, cuja personificação dá aquilo a que se chama a 'pessoa física'." (H. Kelsen. TGE, p. 25.)

> "O conceito de pessoa física (natural) nada mais significa que a personificação de um complexo de normas jurídicas. O homem, um homem individualmente determinado, é apenas o elemento que constitui a unidade na pluralidade dessas normas." (H. Kelsen. TGDE, p. 138.)

Para Kelsen, este tema é importantíssimo; dentre outros tantos conceitos, o de pessoa suporta a compreensão do tema da responsabilidade no direito. Porque "responsável" equivale ao sujeito jurídico que desatendeu a um preceito normativo devendo-se lhe aplicar uma sanção.[16]

13. H. Kelsen (1945), p. 137.
14. H. Kelsen (1945), p. 138.
15. H. Kelsen (1945), p. 145-147.
16. H. Kelsen (1945), p. 93 e ss.

3.2 Pessoas jurídicas

Para além da configuração das pessoas físicas, a teoria jurídica apresenta, como outro ator das relações normativas, as "pessoas jurídicas". O problema é que, conforme a contextualização teórica analisada, a expressão "pessoa jurídica" implica expressão desconfortável. Desconfortável porque, se o conceito de "pessoa física" não se confunde com o conceito de "homem", pois é fenômeno essencialmente normativo, uma unidade de deveres e direitos, a pessoa física também pode ser chamada de pessoa "jurídica", o que deixa patente o problema terminológico. Assim, entende Kelsen que é errado atribuir exclusividade a essa designação aos entes coletivos, embora, com frequência, sejam eles os únicos a serem chamados de "pessoas jurídicas".

Quanto a isso, deve-se realizar aqui mesma assimilação normativa, atentando-se, apenas, para a distinção de abrangência, já que pessoa coletiva (ou pessoa jurídica *stricto sensu*) corresponde à unificação de todos os atos que sejam referidos aos agentes que formam a pessoa coletiva. Portanto, da mesma forma que a pessoa física é um conjunto de atos imputados a um só indivíduo, a pessoa coletiva é formada pelo conjunto de todos os atos de uma série de agentes que são imputados ao conjunto desses vários agentes. Ou, conforme diz Kelsen na edição de 1934 da "Teoria Pura do Direito": deve-se atentar para o fato de "... assim como a pessoa física não é um homem, tampouco a pessoa jurídica é um super-homem". Esta a sua fórmula canônica: "Se deveres e direitos q são imputados a vários agentes (X1, X2, X3, XN), esses vários agentes considerados em sua unidade formam uma pessoa coletiva 'Pc'". Ou seja, Pc={q:q seja um ato jurídico imputado a X1, X2, X3, XN}.

Por isso, quando se diz que a pessoa jurídica celebra contratos, move ações judiciais, transaciona etc., estas ações da pessoa jurídica, todas elas, constituem apenas expressões de linguagem. Daí a afirmação de Kelsen segundo a qual: "Quando se fala de ações e abstenções de uma pessoa jurídica, devem estar implícitas ações e abstenções de seres humanos."[17] Portanto, ações e abstenções estas que são interpretadas como ações e abstenções da pessoa jurídica em virtude de uma norma ou conjunto de normas.

> "O caso típico de pessoa 'jurídica' (no sentido técnico, mais restrito) é o de corporação. A definição usual de corporação é: um grupo de indivíduos tratados pelo Direito como uma unidade, ou seja, como uma pessoa que tem direitos e deveres distintos daqueles dos indivíduos que a compõem. Uma corporação é considerada como uma pessoa porque nela a ordem jurídica estipula certos direitos e deveres jurídicos que dizem respeito aos interesses dos membros da corporação, mas que não parecem ser direitos e deveres dos membros e são, portanto, interpretados como direitos e deveres da própria corporação." (H. Kelsen. TGDE, p. 140.)

17. H. KELSEN (1945), p. 141.

> "Um indivíduo atua como órgão de uma corporação se a sua conduta corresponde, de certo modo, à ordem especial que constitui a corporação. Vários indivíduos formam um grupo, uma associação, apenas quando estão organizados; se cada indivíduo possui uma função específica em relação aos outros. Eles estão organizados quando a sua conduta mútua é regulada por uma ordem, por um sistema de normas. É esta ordem – ou, o que redunda no mesmo, esta organização – que constitui a associação, que faz com que os vários indivíduos formem uma associação. Dizer que esta associação possui órgãos é exatamente dizer que os indivíduos que formam a associação estão organizados por uma ordem normativa. A ordem ou organização que constitui a corporação é o seu estatuto, os chamados regulamentos da corporação, um complexo de normas que regulamenta a conduta dos seus membros." (H. Kelsen. TGDE, p. 142.)

> "A pessoa jurídica, no sentido mais restrito do termo, nada mais é que a personificação de uma ordem que regula a conduta de vários indivíduos; por assim dizer, o ponto comum de imputação para todos os atos humanos que são determinados pela ordem." (H. Kelsen. TGDE, p. 144.)

Tendo em conta estes argumentos, conclui-se que "sujeito de direito" não é um ser distinto e diverso da ordem jurídica, mas sua personificação, total ou parcial. E se a compreensão de personificação parcial é assimilada à das pessoas jurídicas "físicas" e "coletivas", a compreensão de personificação total é assimilada pela figura do Estado, o que exige, agora, a sua análise.

Foi evidenciado linhas atrás que tanto Pf quanto Pc expressam unidades de atos jurídicos. Deste modo, Pf e Pc são pessoas jurídicas. Com respeito ao ponto, quando Pf tem o dever jurídico de pagar certa soma de dinheiro, Pf é considerada devedora de certo valor, de maneira que deve cumprir a obrigação de pagar o que deve. Igualmente, quando Pc tem o dever jurídico de pagar certa soma de dinheiro, Pc – *v.g.*, Município, sociedade anônima etc. – é considerada devedora de certo valor, com o que deve cumprir o dever jurídico de pagar o que deve. A única diferença é que Pc, nos termos das especificações de seu referencial de formação (Constituição, Lei Orgânica, estatutos etc.), atuará, provavelmente, conforme as especificações de tarefas que são atribuídas de Pc.[18]

Nestes termos, segundo Kelsen, Pf e Pc são unidades parciais relativamente autônomas que mantêm relações jurídicas, pois tais unidades parciais agem dentro de uma ordem global, que as admite e convalida. Portanto, nem Pf nem Pc valem como totalidade dos atos jurídicos em uma comunidade. Esta comunidade, apenas pode ser unificada normativamente em outra instância, o Estado como ordem normativa.

Assim, o Estado é concebido como um ente personificado politicamente diante de entidades similares, os demais Estados soberanos. Deste modo, Kelsen

18. Quanto a isso, importa destacar que, na linguagem jurídica, diz-se ser "capaz" Pf quando está apto juridicamente para atuar; e, quanto ao agente que atua como Pc, este é reconhecido como tal com a designação de "competente".

explora as possibilidades de se considerar o Estado como uma unidade jurídica, uma unidade normativa que possui específico espaço territorial constituído. Portanto, de campo de validade normativa. Como será visto nos parágrafos seguintes, Kelsen atribui, dessa forma, ao Estado, este, identificado com a própria ordem jurídica (o assim chamado direito objetivo), os atos jurídicos que são referidos à comunidade, ou que se referem ao conjunto de todos os atos 'q' dos indivíduos que formam a comunidade. Porque, segundo entende, "... o tecido social não passa de uma obrigação, a obrigação recíproca dos indivíduos, estabelecida pela ordem normativa, a uma determinada conduta".[19]

> "Do mesmo modo que a pessoa 'física', também a chamada pessoa 'jurídica' é somente a expressão unitária para um complexo de normas, é dizer, para um ordenamento jurídico, e justamente para aquele que regula a conduta de uma pluralidade de homens. Ora é a personificação de uma ordem parcial, qual seria o estatuto de uma associação, o qual constitui uma comunidade parcial, a pessoa jurídica da associação; ora é a personificação de uma ordem jurídica total que constitui uma comunidade jurídica compreensiva de todas as comunidades parciais, e que de ordinário está representado na pessoa do Estado." (H. Kelsen. TP1, p. 86.)

Mas antes de me ocupar dos aspectos específicos deste argumento, penso ser interessante trazer algumas teorias que desfrutavam de prestígio na época, e que Kelsen teve de superar. Creio que isto oferecerá um pouco mais de contexto ao tema.

4. A teoria dos dois lados de Jellinek

Georg Jellinek confere ao Estado um conceito dual: de um lado há o plano sociológico relativo à criação fática do Estado; de outro, há o plano jurídico, resumido na atribuição de regras a este mesmo Estado. Assim, o Estado deve ser encarado como possuidor de elemento objetivo-empírico e psíquico: "objetivo-empírico", porque os homens se relacionam, entram em contato pessoa a pessoa; "psíquico", porque há subjetividades em jogo nessas relações.

De fato, para Jellinek, essa compreensão é fundamental. Fundamental, pois "(...) os fatos sociais podem ser compreendidos tão-somente sob a condição de se conhecer os atos psíquicos que os determinam e os acompanham".[20] Por isso a realidade estatal não é determinada apenas por sua realidade física, mas como realidade predominantemente psíquica. É nesse psiquismo – ou viés subjetivo-estatal contraposto ao de seus órgãos – que "descansam as relações internas humanas do Estado".[21] Com isso, da relação entre governantes e governados, dá-se a origem de seu surgimento.

19. H. Kelsen (1925), p. 21.
20. G. Jellinek (1959), p. 130.
21. G. Jellinek (1959), p. 130.

Entretanto, as relações de comando e obediência não podem ser ocasionais, pensa Jellinek; devem, sim, ser regulares, a ponto de possibilitarem a integração desses grupamentos numa unidade corporativa, os elementos objetivos da unidade estatal. O primeiro desses elementos objetivos é o povo, do qual advém a "unidade histórica" do Estado. Todavia, mesmo seja este o primeiro elemento, não é o único, muito menos suficiente quando isolado. Segundo entende, há que se considerar, ademais, os "elementos complementares": o território, as formas institucionais e os princípios teleológicos.

Com o objetivo de compor todo o traçado, Jellinek afirma que a própria circunstância de haver obrigações e direitos decorrentes desta relação regular entre governantes e governados imporá a necessidade de se reconhecer os "sujeitos de direito", ou, o que é igual, o conceito de pessoa física com direitos e obrigações. E se os indivíduos como sujeitos têm direitos e obrigações, o Estado também os tem.

Portanto, depois que o Estado surge, soberano, ele próprio se submete ao direito, numa "autolimitação jurídica", assim se convertendo em sujeito de direitos e deveres.[22] "Tão lícito nos é cientificamente conceber o Estado como sujeito de direito..." – diz Jellinek – "(...) como atribuir ao homem este mesmo caráter. Somente mediante esta doutrina nos é possível compreender juridicamente a unidade do Estado, a de sua organização e a vontade que emana".[23] Desse modo, conclui que o Estado é "a corporação formada por um povo, dotada de um poder de mando originário e assentada num determinado território", ou ainda: "é a corporação territorial dotada de um poder de mando originário".[24]

Mas da "teoria dos dois lados" (teoria que retrata o Estado como um Minotauro,[25] um ser composto por um lado "social" e outro "jurídico", um ser mítico) a palavra de Jellinek não é a palavra final, muito menos a única.

5. O Estado na sociologia compreensiva de Weber

Émile Durkheim concebe um método radicalmente objetivo: nos termos de sua teoria sociológica tradicional "(...) a regra primeira e fundamental é considerar os fatos sociais como coisas".[26] "Coisas" são tudo o que é dado, tudo o que se oferece ou que se impõe à observação.[27]

Por sua vez, Max Weber procura uma camada ainda mais profunda e abrangente: o centro do conhecimento da realidade social não se encontra na factualidade tal qual se apresenta aos olhos, mas é fornecida pelas ações dos agentes sociais;

22. G. Jellinek (1959), p. 175.
23. G. Jellinek (1959), p. 164.
24. G. Jellinek (1959), p. 175.
25. H. Kelsen (1922a), p. 29.
26. E. Durkheim (1895), p. 135.
27. E. Durkheim (1895), p. 135-136.

assim, inclui o sentido subjetivo que, ao atuarem, os agentes mantêm impressos em seus comportamentos.[28]

Desta maneira, nos termos de sua sociologia compreensiva, as ações sociais e as significações subjetivas nela incluídas possuem lugar destacado. Não é que Weber negue o valor teórico da sociologia estática daquela maneira tradicional descritivo-durkheiniana. Mas defende que se deve captar o homem em sua concreção realizadora, em sua atividade multiforme, observando como ele se comporta na comunidade e na sociedade; como forma e transforma suas relações sociais.

Portanto, para além do caráter normativo tradicional, Weber procura pelas intenções postas pelos seres humanos em suas ações, entendendo que nelas se encontra um sentido diferente daquilo que se pode extrair do mero curso objetivo do tempo e das relações sociais que se possam perceber, nele, empenhadas: seu método sociológico é, claramente, de caráter qualitativo e histórico. "Qualitativo" porque investiga o sentido subjetivo das ações. "Histórico" porque as ações são temporalmente localizadas, evitando-se intuicionismos e psicologismos desprendidos do concreto. Diz Weber: "A sociologia é uma ciência que pretende entender a ação social, interpretando-a para, dessa maneira, explicá-la causalmente em seu desenvolvimento e efeitos."[29]

Mas há uma peculiar instrumentação que vem ao auxílio de Weber neste conhecimento dos fenômenos histórico-sociais: os tipos-ideais. "Tipos ideais" constituem o instrumento metodológico weberiano de conhecimento e de interpretação da realidade social, que se efetiva mediante o destaque do que há de original em cada fenômeno sócio-histórico, individualizando-o em suas particulares conexões causais, compondo um quadro de relações com o objetivo de comparação e análise da realidade empírica que se oferece ao observador-intérprete. Isto o que é fundamental: como não são elaborados *a priori*, mas, sim, construídos a partir do que se observa, firmando "tipos abstratos" do real, longe desses tipos resultarem em generalidades, acabam possuindo função heurística. "Heurística" porque esses tipos ideais permitem a medição do empiricamente dado através de limites (igualmente ideais) que ordenam os fenômenos observados.

Quanto ao estrito do que está a importar nesta sede, destaca-se o texto weberiano "A Objetividade do Conhecimento nas Ciências e na Política Sociais", de 1904. Neste estudo, encontra-se a delimitação da ciência social como ciência da realidade[30] que, em 1922, encontrará em "Economia e Sociedade" a definição de espaços das investigações sociológicas e jurídicas. Nesta obra, afirma Weber ser a sociologia uma ciência empírica e o direito uma ciência normativa partindo, como Kelsen, igualmente das fundações neokantianas.[31]

28. R. Bendix (1960), p. 73.
29. M. Weber (1922), p. 172.
30. M. Weber (1967), p. 29.
31. A. Carrino (1995), p. 190. Nesse texto, Carrino estabelece relevantes considerações com respeito a específicas distinções entre a influência neokantiana de Kelsen e de Weber, promovendo considerações de

Diz Weber:

> "Quando se fala em 'direito', 'ordem jurídica' e 'preceitos jurídicos', deve-se ter em conta, de um modo particularmente rigoroso, a distinção entre a consideração jurídica e a sociológica. A primeira se pergunta o que vale idealmente como direito. Isto é: que significação ou, o que é o mesmo, que sentido normativo logicamente correto deve corresponder a uma formação verbal que se apresenta como norma jurídica. Por outro lado, a última se pergunta o que de fato ocorre em uma comunidade, em razão da probabilidade de que os homens que participam na atividade comunitária, sobretudo aqueles que podem influir consideravelmente nessa atividade, considerem subjetivamente como válida uma determinada ordem e se orientem por sua conduta prática."[32]

Até aqui, Kelsen e Weber convergem: há a separação entre o empírico ou o ser (mundo da sociologia) e o campo formal ou do dever (mundo das normas jurídicas); uma validade ideal que é a validade normativa de Kelsen, e uma validade empírica que corresponde à sua eficácia. Mas, se existem esses pontos de contato, as assimetrias, ao menos no que especificamente é relevante aqui, começam com as investigações sobre o Estado.

Conceitualmente, o conceito de "dominação" em Weber não toma por base apenas fatos brutos, antes remete para a compreensão de obediência, dada a remissão a elementos subjetivos que o conceito comporta. Por isso ser conveniente distinguir entre motivos factuais, que explicam a "docilidade" dos agentes diante dos detentores do poder, e a "relação formal" de obediência que vincula os primeiros (os dominados) e os últimos (os dominantes)[33] por "motivos que são próprios a cada indivíduo-agente". Portanto, "dominação...", segundo Weber,

> "(...) é um estado de coisas através do qual uma vontade manifestada pelo dominador ou pelos dominadores influi sobre os atos dos outros (do dominado ou dos dominados), de tal sorte que, em um grau socialmente relevante, esses atos têm lugar como se os dominados tivessem adotado por si mesmos e como máxima dos seus trabalhos o contido no determinado."[34]

Com respeito à docilidade, os motivos podem ser muito variados: razões oportunistas, interesse pessoal, costume etc. Mas, como o próprio Weber afirma, se fosse apenas assim, a dominação seria relativamente instável.[35] Dessa forma, em termos de estabilização do tipo puro de dominação legal, aparecem as normas que proporcionam sentido à ação dos seus agentes. Contudo, há outras tipologias puras que fornecem um mapa da estabilidade das relações de interação social e de

índole de raiz.

32. M. Weber (1922), p. 251.
33. M. Coutu (1995), p. 184-185.
34. M. Weber (1922), p. 699.
35. M. Weber (1922), p. 706.

domínio, para além da dominação legal: a dominação tradicional; e a dominação carismática.

Resumidamente, a dominação legal existe "quando há um sistema de regras, aplicadas judicial e administrativamente segundo princípios verificáveis e com validade para todos os membros da comunidade";[36] a dominação tradicional "se funda na crença do caráter legítimo de uma autoridade que 'tem existido sempre'";[37] e a dominação carismática ocorre "quando um profeta, um herói, um demagogo é obedecido e tido como líder exatamente em virtude de seu *status*, de seu carisma próprio, *i.e.*, por fatores de natureza eminentemente pessoal".[38]

Tudo isto conduz a análise do Estado contemporâneo em Weber. Porque, para Weber, a dominação dos Estados contemporâneos encontra-se configurada, por um lado, pelo aparato burocrático (quadros administrativos), e, por outro, pela base normativa que proporciona estabilidade. Portanto, há uma dupla referência nas associações de dominação: uma material (órgãos); e, outra, normativa (preceitos jurídico-formais normativos). Kelsen não pode aceitar isso, porque, como entende que toda definição sociológica do Estado pressupõe uma definição jurídica do Estado, o aspecto material do Estado decorre, simplesmente, do jurídico.

De fato, para Kelsen, os órgãos do Estado (e com ele os agentes estatais) são dissolvidos na função de aplicadores das normas jurídicas, sendo, pois, predicados diante da ordem jurídica, e ao fazer-se referência a esse material apenas desvia-se a atenção do que é principal, a ordem jurídica mesma.[39] Desta forma, a sociologia apenas analisa a repercussão fática do ordenamento jurídico. A partir desse raciocínio que atinge tanto as análises do direito e do Estado levadas a efeito por Weber, como por toda a sociologia, Kelsen inicia suas considerações peculiares à matéria. Para o que aqui se vem considerando, particularmente um trabalho de Kelsen surge com singular relevância: "O Conceito de Estado da 'Sociologia Compreensiva'", de 1921.

Basicamente, no referido estudo, Kelsen reitera o argumento de que há precedência do direito diante das definições sociológicas de Estado. Assim, ataca Weber considerando-o sucessor da herança tradicional que duplica impropriamente o Estado elaborando considerações de cunho normativo-formal e substancial ou empírico, o que, aliás, já vinha sendo feito por Jellinek desde 1900, nos termos anteriormente referidos da "teoria dos dois lados". Weber – entende Kelsen – se limita a transportar para a linguagem sociológica a tradicional confusão das teorias jurídicas do Estado.[40]

36. R. Bendix (1960), p. 281.
37. R. Bendix (1960), p. 281.
38. R. Bendix (1960), p. 282.
39. H. Kelsen (1912), p. 72.
40. H. Kelsen (1921a), p. 115.

No entanto, Kelsen admite haver importância dos tipos ideais na sociologia compreensiva de Weber: seus tipos ideais fornecem um parâmetro de análise para as realizações dos agentes sociais possibilitando que estes sejam entendidos pelos sociólogos em termos de certa racionalidade que os próprios tipos ideais entremostram.[41] Para Weber, cada comportamento contrário àquela medida tipificada idealmente é um comportamento desviante do grupo.

Portanto, entende Kelsen, em Weber Estado é um tipo ideal: este consiste numa construção conceitual do agir rigorosamente racional com respeito a um objetivo. Ou seja, pode-se entender o Estado nos termos correspondentes ao sistema construído a partir dos comportamentos reais e das subjetivações dos personagens do ente estatal.[42] Daí que as relações que esses agentes estabelecem são de extrema relevância para a sua análise. Diz Weber: "Por relação social deve-se entender uma conduta plural – de vários – que, pelo sentido que encerra, se apresenta como reciprocamente referida, orientando-se por essa reciprocidade".[43] Mais: "A relação social consiste somente e exclusivamente – ainda que se trate de 'formações sociais' como 'Estado', 'igreja', 'corporação', 'matrimônio' etc. – na probabilidade de que uma forma determinada de conduta social, de caráter recíproco pelo seu sentido, tenha existido, exista ou possa existir."[44] E ainda: "Um 'Estado' deixa, pois, de existir sociologicamente quando desaparece a probabilidade de que ocorram determinadas ações sociais com sentido."[45]

Dessas passagens, Kelsen deduz que Weber, apenas com seu "tipo ideal do Estado", encontra a realização em fatos das consequências estabelecidas pelo ordenamento jurídico. Porque se Weber identifica a existência sociológica do Estado com as ações decorrentes do conjunto normativo, em última análise tão-somente pressupõe, ainda que não saiba disso, a ideia jurídica de Estado, e, assim, sua identificação com o direito.[46] Segundo Kelsen, esta conclusão pode ser identificada a partir da exposição do próprio Weber. Estes os seus termos:

> "Weber define 'direito' como um ordenamento qualificado em um determinado modo. Ordenamento é, com efeito, um determinado 'conteúdo de sentido' de relações sociais. E este conteúdo de sentido – se se toma em consideração tudo o que diz Weber – dificilmente poderá ser mais bem caracterizado que através do conceito de dever, da regra de dever ou norma. A 'validade' de um ordenamento – sublinha Weber – deve 'significar mais que uma simples uniformidade do agir social, condicionada pelo costume ou por uma situação de interesse'. É natural. De fato, a 'sociologia compreensiva' se ocupa do "sentido" do agir, daquele sentido que o agente vincula ou deve vincular a sua ação, se esta é

41. H. Kelsen (1921a), p. 104.
42. H. Kelsen (1921a) p. 105.
43. M. Weber (1922), p. 21.
44. M. Weber (1922), p. 22.
45. M. Weber (1922), p. 22.
46. H. Kelsen (1921a), p. 108-109.

> racionalmente interpretável. Esta 'validade do ordenamento' somente enquanto em curso da ação (o curso do agir orientado com vistas ao ordenamento) é garantida 'pela validade do ordenamento que reveste o caráter de imperativo', cuja infração não somente lhe importará em danos, mas também, especificamente, importará em repúdio por motivos racionais com respeito a valores diante de seu "sentimento de dever." (H. Kelsen. CESC, p. 108.)

Assim, tanto Weber quanto Kelsen caracterizam o Estado como o detentor do monopólio da coerção física, explicando desse modo a centralização do poder e a conformação do Estado contemporâneo. Diz Weber: "o Estado é aquela comunidade humana, que no interior de determinado território, reclama para si (com êxito) o monopólio da força física legítima".[47] Mas, mesmo aqui, há uma diferença essencial: enquanto Weber mantém a força como garantia externa ao direito,[48] Kelsen, por sua vez, situa a força como a característica intrínseca a toda norma jurídica.

Dessa maneira, o ordenamento finda identificando-se com a norma; com isso, Kelsen conclui que a validade desse ordenamento weberiano é o próprio dever normativo cumprido, o direito mesmo quando realizado. Nos termos da representação do indivíduo-agente, a sua ação social encontra-se vinculada com o dever do ordenamento, dever este que se diferencia do seu próprio comportamento, tanto é que, através do ordenamento, pode ser avaliado o seu agir como desviante ou não. O agir conforme ou desconforme do agente é uma questão de consequência diante da orientação do ordenamento, nada mais sendo que a sua eficácia. Diz Kelsen:

> "Quando Weber indica aquela possibilidade de eficácia (obediência ou não do indivíduo-agente) como 'validade' do ordenamento, pois caracteriza o ordenamento como conteúdo de sentido e este conteúdo de sentido como norma de dever, ele opera, ainda uma vez, com um inadmissível obscurecimento do conceito. Ele apenas mostra o caráter absolutamente 'normativo' do conceito de ordenamento pela sociologia 'compreensiva'".[49] (E) "afirmando o caráter monopolista como algo que pertence essencialmente ao Estado, Weber entende o Estado, essencialmente (por tudo que foi dito), como um ordenamento jurídico normativo".[50]

Em síntese, na leitura que Kelsen faz de Weber o que Weber faz é ver o direito em sua repercussão fática, ele apenas enxerga o direito, sempre o direito, ainda que um passo depois do que deveria.

6. Uma teoria normativa para o Estado

"*Amicus Plato amicus Aristoteles magis amica veritas*" foi o que Newton escreveu em algum momento de 1663 ou 1664 como máxima em seu caderno

47. M. Weber (1922), p. 1056.
48. M. Weber (1922), p. 1056.
49. H. Kelsen (1921a), p. 110.
50. H. Kelsen (1921a), p. 120.

de estudante.[51] Séculos mais tarde, não parece ter sido outra a postura de Kelsen: sua hostilidade diante do que não encontra a autoridade objetiva da ciência o fez enxergar, no que escapa à razão, máscaras que transfiguram a realidade. Toda categoria extrajurídica deveria ceder às bases do seu projeto epistemológico. Seus professores Jellinek e Weber se tornaram exemplos diante dessa sua convicção.

Contrariando as teorias correntes do início de 1900, Kelsen declara a sinonímia entre direito e Estado como resultado da lógica: não é possível conceber o aparelho estatal como realidade anterior ao sistema normativo que o estrutura. Se o Estado fosse algo distinto do próprio direito, ele seria uma entidade meta-jurídica, um poderoso *macro-ánthropos*.[52]

Mas o Estado não é um ente da natureza, é um objeto da ciência jurídica. Portanto, as teorias duais do Estado não são teorias científicas do Estado. Isso porque, todo conceito sociológico (Weber) ou personificante do Estado (Jellinek) pressupõem o conceito jurídico.[53] E se "o Estado segue concebido como ordenamento jurídico... – diz Kelsen, – ... então todos os problemas da doutrina do Estado devem poder ser expostos e resolvidos a partir deste ponto de vista".[54]

Dado o fato de o Estado possuir tão-somente caráter normativo, diz Kelsen, o Estado, como pessoa jurídica, apenas mantém laços com o método jurídico. Desse modo, tem-se revelado o monismo jurídico da teoria de Kelsen. "Monismo jurídico" porque apenas o método jurídico explica os fenômenos jurídicos.

Neste sentido, Estado e Direito não são duas realidades jurídicas, mas uma única e só realidade: a normativa. O Estado não é senão um conjunto de normas jurídicas; sua existência não é natural, mas artificial, um invento humano elaborado com vistas à consecução de certos objetivos. Disto resulta ser "o problema do Estado um problema de imputação".[55]

Como foi visto, o termo "pessoa" remete ao "conjunto de normas, direitos e deveres" que um ordenamento jurídico imputa a um indivíduo. Neste contexto, o Estado corresponde à personificação mesma da ordem nacional: "O Estado é um ponto comum no qual se projetam ações humanas, um ponto comum de imputação de diferentes ações humanas".[56] E os indivíduos que "agem para o Estado" são designados "órgãos do Estado".

Como Kelsen já havia deixado claro na obra *Problemas Fundamentais do Direito Público*, os órgãos do Estado são agentes que atuam pelo Estado por atribuição.[57] E se se buscar o sentido jurídico desta atribuição, Kelsen fornecerá a

51. "Platão é meu amigo, Aristóteles é meu amigo, mas meu melhor amigo é a verdade." R. Brennam (1997), p. 33.

52. H. Kelsen, (1960), p. 345-346.

53. H. Kelsen (1945), p. 272.

54. H. Kelsen (1926), p. 58-59.

55. H. Kelsen (1945), p. 275.

56. H. Kelsen (1945), p. 276.

57. H. Kelsen (1911), p. 224.

resposta: "Uma análise demonstra que imputamos uma ação humana ao Estado apenas quando a ação humana em questão corresponde – de uma maneira específica – à ordem jurídica pressuposta".[58] Como toda ação é, enquanto ato, ação de um indivíduo, a ação do Estado resulta de uma operação mental de atribuição de um ato humano ao Estado com base numa norma determinante.[59]

Desta maneira, Kelsen retira a conduta do sujeito material que realizou o ato para atribuir ao ente que a norma especifica. Assim, "(...) uma ação é um ato do Estado na medida em que seja uma execução da ordem jurídica".[60] Este o caso do algoz quando executa a sentença da pena de morte. Fora do exercício do ofício ele estaria cometendo homicídio. No entanto, no exemplo quem está agindo é o Estado (por imputação) sob as mãos do executor.

Com efeito, se imputar uma determinada ação humana ao Estado é relacionar essa ação humana ao ordenamento jurídico, o Estado como pessoa é a personificação dessa unidade, pois um órgão do Estado apenas pode consubstanciar um órgão do direito, um órgão do ordenamento jurídico.[61] E se o Direito e o Estado são uma mesma coisa (de modo que o conceito de "pessoa-estatal" é uma "metáfora da unidade lógica do ordenamento jurídico"),[62] o Estado apenas pode ser uma ordem coativa da conduta humana, uma ordem jurídica geral que imputa aos indivíduos os comportamentos admissíveis e os não admissíveis pela ordem jurídica com a qual ele se identifica.

Significa dizer, "(...) se a física moderna eliminou o conceito de força e seu sistema cognoscitivo, assim como a moderna psicologia, não reconhece nenhuma alma diversa dos singulares atos psíquicos; assim, a ciência jurídica deve excluir de seu âmbito o Estado como entidade diversa do ordenamento jurídico".[63] Portanto, "O Estado 'E' é o conjunto de todos os atos imputados aos indivíduos que formam a comunidade 'C'". Ou seja: E={q:q seja um ato jurídico imputado a C}.

> "O Problema do Estado como pessoa jurídica, isto é, como sujeito agente e sujeito de deveres e direitos é, no essencial, o mesmo problema que se põe para a corporação como pessoa jurídica. Também o Estado é uma corporação, isto é, uma comunidade que é constituída por uma ordem normativa que institui órgãos funcionando segundo a divisão de trabalho, órgãos esses que são providos na sua função mediata ou imediatamente." (H. Kelsen. TP2, p. 321.)

58. H. Kelsen (1911), p. 224-226.
59. H. Kelsen (1911), p. 223-234.
60. H. Kelsen (1945), p. 276.
61. H. Kelsen (1945), p. 277.
62. H. Kelsen (1922a), p. 11.
63. H. Kelsen (1922a), p. 8.

7. Kelsen e os elementos do Estado

Com a afirmação de ser o Estado uma ordem normativa Kelsen elimina qualquer especulação a respeito da natureza do Estado reduzindo-o a imputações. Os sociólogos, os teóricos tradicionais, todos eles devem ceder diante da realidade de ser o conceito de Estado um conceito eminentemente jurídico.

Com isso, o Estado, ordem jurídica que é, ao cumprir a tarefa específica de controlar comportamentos, cria e aplica normas.

Mas se o Estado é aparato de ordem e, enfim, de controle social, deve-se observar que o Estado não exerce esta atividade ordenadora através de seus órgãos sem limitações espaciais.[64] É dizer, Kelsen não teria completado a sua teoria do Estado se os elementos do Estado não se encontrassem evidenciados e igualmente equacionados na mesma lógica.

7.1 Funções do Estado e imputação

A obra *Teoria Geral do Direito e do Estado*, ano de 1945, certamente é uma das mais conhecidas de Kelsen. E há uma razão para isso: é obra que articula de maneira acabada as reflexões kelsenianas sobre o Estado.

Todavia, já no ano de 1925, com o livro *Teoria Geral do Estado*, os esforços de Kelsen mostram-se promissores. Desembaraçando-se dos dualismos, e seguindo as principais informações da epistemologia de 1911, Kelsen resolveu, nesse trabalho, a personificação do Estado afirmando que, como o Estado se identifica com o Direito, suas funções são exercidas por pessoas que possuem atribuições conferidas pela ordem jurídica mesma, os funcionários.[65]

Nesses termos, os "funcionários" ou "pessoas com a competência para agir em nome do Estado" são colocados como aplicadores e criadores da própria ordem jurídica, formando instâncias de atribuições chamadas órgãos, de maneira que o problema das funções do Estado é atado à questão do escalonamento das normas: a Constituição ou a lei delegam o regulamento; a lei, ou regulamento, os atos individuais (judiciais ou administrativos) que também criam direito e são aplicados tanto pelas autorizações de execução quanto pelos atos de mera execução. De instância para instância vai-se compondo a conhecida "pirâmide jurídica", cuja autoria remete a um aluno de Kelsen, Adolf Merkl.[66]

No entanto, a função legislativa não pode ser resolvida, apenas, através da afirmação de que esta se confunde com a criação do direito. Isso porque, as funções administrativa e judicial também são criadoras, apesar de criarem direito em plano diverso do desenvolvido pelo Legislativo caso se atente para o plano escalonado das normas jurídicas.

64. H. Kelsen (1945), p. 312-213.
65. H. Kelsen (1925), p. 27-29.
66. A. Merkl (1918), p. 101-128; *Idem* (1931), p. 3-65.

Ademais, não se pode estabelecer traçado diferenciador ditando que a legislação dista das outras funções do Estado porque produz normas gerais em contraposição às normas individuais da administração e do Judiciário (considerando geral a norma que regula um número indefinido de casos e individual a norma que se aplica apenas a um caso). Porque, na situação da administração, esta emite regulamentos, e, estes, são normalmente considerados normas gerais.

Portanto, afirma Kelsen, o único referencial realmente seguro para o estudo das funções do Estado em suas específicas tarefas encontra-se no conjunto normativo, nestes termos: as normas editadas pelo legislativo, exatamente por condicionarem as funções administrativas e judiciais, estão alocadas em nível superior; já as normas administrativas (os regulamentos) e judiciais (as decisões), por serem concretização das leis feitas pelo Legislativo, lhes são subordinadas, estão em nível escalonado inferior.

Desta forma, ao promover o distanciamento do Legislativo diante da administração e do Judiciário, Kelsen deixa patente que as funções estatais administração e justiça não apresentam contrastes de expressão, dado que ambas aplicam a lei feita pelo Legislativo.[67] Por isso sua afirmação segundo a qual:

> "O que, na realidade, se verifica, não é, por forma alguma, a coexistência de funções mais ou menos isoladas, ou até de natureza diferente, mas uma sobreposição, uma hierarquia de regras jurídicas, em que as mais altas condicionam as outras."[68]

Mas haveria algum elemento diferenciador entre as duas últimas?

No ano de 1925, quando publica o ensaio "A Doutrina dos Três Poderes ou das Funções do Estado",[69] Kelsen inova com a teoria da administração direta e indireta. Conforme explica, os fins que o direito positivo procura alcançar podem ser realizados de duas maneiras diferentes: ou o direito positivo deixa para os particulares que realizem esses fins, ou encarrega aos órgãos do Estado a realização dos fins que aspira.

No primeiro caso, a ordem jurídica apenas se limita a estabelecer as sanções que devem ser aplicadas aos particulares, na hipótese de estes se conduzirem de modo contrário àqueles fins. Por isso essa administração é "indireta": é indireta porque o Estado apenas intervém para punir a conduta adversa dos particulares.

No segundo caso, pelos próprios órgãos estatais estarem incumbidos de realizarem os fins especificados pela ordem jurídica, diz Kelsen que se trata de administração "direta". Direta porque o Estado mesmo, por seus órgãos, realiza

67. Pode-se observar adicionalmente que na "Teoria Geral do Direito e do Estado" Kelsen, embora mantenha o caráter de norma individual às decisões judiciais, atenta para a função judicial de controle da constitucionalidade que, em princípio, é uma competência para criar norma geral, ainda que negativa.

68. H. Kelsen (1925), p. 99.

69. H. Kelsen (1923-1924), p. 88 e ss.

o que a ordem jurídica especifica.[70] E se a administração age tanto direta quanto indiretamente, Kelsen afirma que a justiça atua tão-somente de modo indireto, ou seja, o judiciário se limita a punir àqueles que não se conformam às normas.

Em outro trabalho, este de 1929, "Jurisdição e Administração", Kelsen, atendo-se mais uma vez à discussão sobre as diferenças entre a administração e a justiça, afirma que as doutrinas jurídicas tradicionais distinguem a administração da justiça atribuindo à administração a realização dos fins políticos do Estado e à legislação e jurisdição os fins jurídicos. Conforme aponta, o equívoco dessa posição está em pessoalizar a administração, pondo-a em lugar separado da própria normatividade, como se os fins políticos não fossem normativamente estabelecidos e remissíveis às normas.[71] Porque "(...) se o Estado é, por sua própria natureza, um aparato coercitivo, o é, também por sua própria natureza, ordenamento jurídico, e, pois, sua expressão não pode ser outra que ato jurídico".[72]

Assim, no que toca aos específicos aspectos da administração e da justiça, ambas as funções são funções de concretização das leis editadas pelo legislativo num sequencial persistente de aplicação-criação das normas. A legislação é aplicação do direito com respeito à constituição e criação do direito para a sentença do juiz; a prestação da justiça é aplicação do direito quando confrontada com a lei e criação do direito quando confrontada com os atos de execução; e a administração é aplicação do direito com respeito à lei e criação do direito quanto à prática da concretização administrativa.[73]

O motivo para tamanha insistência de Kelsen está na oposição que faz aos teóricos que retiram a administração do contexto jurídico; porque se a administração é parte do direito, ela apenas o aplica, devendo-lhe observância.[74] No mais, Kelsen mantém as considerações sobre a administração direta e indireta, ou seja, se há alguma distinção entre administração e judiciário esta consiste, para Kelsen, na tarefa essencialmente indireta do judiciário de corrigir o comportamento daqueles que não obedeceram ao direito por conta própria.

Contudo, é apenas sob influência do direito norte-americano que Kelsen fornece os contornos conclusivos à matéria. No livro de 1945, *Teoria Geral do Direito e do Estado*, Kelsen não apenas reitera a análise entre atividades diretas e indiretas, mas abre margem para delimitações de índole de competência, apesar de reconhecer o caráter político que muitas vezes essa divisão assimila.

Nesta linha argumentativa, Kelsen afirma que a função judiciária, apesar da aproximação com a administração, consiste essencialmente em dois atos: "1) o

70. H. KELSEN (1925), p. 105-108.
71. H. KELSEN (1929), p. 123-127.
72. H. KELSEN (1929), p. 125.
73. Ver, neste volume, Capítulo 2, "Kelsen e o problema da divisão entre direito público e direito privado".
74. H. KELSEN (1929), p. 155-156.

tribunal estabelece a presença do fato qualificado como delito civil ou criminal por uma norma geral a ser aplicada ao caso dado; e 2) o tribunal ordena uma sanção civil ou criminal concreta estipulada de modo geral a ser aplicada."[75]

Outro aspecto importante está no fato de – regra geral – ser a atividade dos juízes funcionalmente "independente", ao passo que a atividade da administração é hierarquizada e, portanto, subordinada. Mas esse critério é pouco expressivo, entende Kelsen, não apenas porque alguns países apresentam o sistema dos precedentes judiciais (que são vinculativos), como também o contencioso administrativo (que prima por certa independência). Por isso o fecho:

> "Enquanto a função da administração indireta tem o mesmo caráter que a função judiciária, a administração direta é de natureza essencialmente diferente. Mesmo esta, porém, permanece dentro dos limites da técnica específica do Direito, na medida em que atinge o seu fim obrigando indivíduos. A diferença entre os dois tipos de administração repousa apenas na qualidade jurídica dos indivíduos obrigados."[76]

Nessa organização de ideias, os órgãos estatais são aqueles que convertem em ações concretas o que foi determinado normativamente. E é essa atribuição, atribuição normativa de agir em nome do Estado, que Kelsen chamou de "imputação central".[77] Dessa forma, quando se vê o Estado emitir declarações, realizar obras, construir prédios, privar pessoas da liberdade, lançar bombas etc., são os agentes do Estado que estão agindo em nome dele por imputação porque a realidade do Estado não é qualquer fato real-psíquico, mas uma validade objetiva.[78] Por isso, ao se dizer que o Estado é formado por seres humanos, os funcionários, Kelsen entende que não se pode perder de vista serem esses seres humanos apenas partes do Estado por força de uma norma que assim determina.[79]

Portanto, quando os funcionários do Estado não estão na situação de atuar "como" Estado, por exemplo, quando estão em momento de lazer, estes seus atos de lazer apenas podem ser tidos como "atos privados"; e quando estão a cumprir suas competências eles, os funcionários, emitem a própria "vontade do Estado". A isto, Kelsen designa princípio da seleção. "Princípio da seleção" é expressão que significa haver distinção entre os atos "privados" e os atos "do Estado" realizados "pelo" indivíduo competente e "como" indivíduo competente. Vale dizer, apenas são atos estatais aqueles os quais uma norma previu e regulou. No mais, o que escapar a este enquadramento normativo seria um ato estatal nulo.[80]

> "Se os nossos sentidos apenas registram atos individuais, é porque a qualida-

75. H. Kelsen (1945), p. 390-391.
76. H. Kelsen (1945), p. 400.
77. H. Kelsen (1913), p. 30.
78. H. Kelsen (1926), p. 47.
79. H. Kelsen (1926), p. 52.
80. H. Kelsen (1925), p. 19.

de de 'ato estatal' não corresponde a nenhuma propriedade sensível que certos atos possuam. Só por meio de uma operação mental, a que chamamos 'imputação', atingimos esta noção de Estado 'sujeito' desses atos." (H. Kelsen. TGE, p. 16.)

Desta forma, ao apontar a vontade humana como ato do próprio Estado por imputação, Kelsen afasta a teoria organicista de Jellinek. Porque toda existência empírica do Estado pressupõe sua existência normativa como ordem jurídica que a qualifique.[81] Daí a sua constante afirmação: "se um Estado é concebido como ordenamento jurídico, então todos os problemas da teoria geral do Estado devem poder ser expostos e resolvidos por este específico ponto de vista".[82] Com efeito, a teoria do Estado de Kelsen não se ocupa de aspectos sociais e políticos, porquanto todos os problemas do Estado são operados, tão-somente, em função da ordem jurídica.

Em resumo, realizando a assimilação necessária, Kelsen considera o território e o povo (ou nação) como expressões da validade do ordenamento jurídico em si. E seu objetivo é claro: de agora em diante, deve conduzir seus argumentos para as específicas explicações dos elementos constitutivos do Estado.

7.2 O ilícito do Estado

Como visto, para Kelsen a ordem estatal, em qualquer dos graus que se considere, é formada por indivíduos; e a própria ordem estatal cuida de regular as tarefas desses indivíduos atribuindo consequências aos atos que realizam. Esta atribuição de consequências Kelsen designa "imputação".

Portanto, considerados materialmente, os órgãos do Estado são formados por agentes públicos. Os agentes públicos são funcionários profissionalmente relacionados a certa atividade, submetidos ao direito disciplinar e recebendo remuneração fixa recebida como contraprestação pelo serviço que realizam.

Com marcada influência de Weber em suas considerações, Kelsen, inserindo o funcionário estatal em um processo de divisão de trabalho, entende haver dois princípios que informam o conceito material do órgão do Estado: 1) o caráter obrigatório do exercício de sua função; e 2) o caráter profissional de sua função.

O "caráter obrigatório" é resolvido não apenas pela obrigação de agir em nome do Estado, mas também na previsão de sanções de ordem disciplinar dependendo do comportamento do funcionário ao realizar as suas funções.

O "caráter profissional" remete ao exercício do ofício e à própria remuneração mencionada como contraprestação pelo encargo que exerce.

Dado o fato de os agentes públicos terem de atuar como órgão, eles estão obrigados a agir segundo normas. Portanto, caso haja discrepância entre o previsto na norma e o ato concretizado pelo funcionário a ordem jurídica deve garantir o

81. H. Kelsen (1926), p. 50.
82. H. Kelsen (1926), p. 299.

retorno à regularidade através de técnicas de contenção e de exclusão de irregularidades. Segundo Kelsen, as ordens jurídicas comumente preveem nulidades e anulabilidades ao ato irregular e, se houver prejuízo, a responsabilidade pecuniária do órgão, autor da violação. Assim, Kelsen designa de "princípio da normalidade" ou, ainda, de "princípio de regularidade" a exigência de conformidade dos atos dos órgãos do Estado com o direito.[83]

Aliás, ao assunto da irregularidade dos atos dos órgãos do Estado, Kelsen dedicou o estudo *O Ilícito do Estado*, que data de 1913-1914, é dizer, onze anos antes da publicação da *Teoria Geral do Estado*. Neste trabalho, Kelsen procurou demonstrar o caráter essencialmente político da responsabilização do Estado em razão dos atos materializados por seus funcionários fora das especificações das respectivas competências.[84]

7.3 Território e organização territorial do Estado

A parir desse ponto, Kelsen radica o Estado nos termos da noção de "espaço", e o "território" passa a cumprir a função de demarcar a extensão da validade da ordem jurídica.[85] Porque, se as regras da ordem jurídica cumprem a função de conformar comportamentos, essa realização apenas pode desenvolver-se no espaço e no tempo. Dessa maneira, "espaço" e "tempo" constituem elementos necessários das regras jurídicas. Isso porque, prescrever que "caso X faça esta ou aquela coisa, então Y deve aplicar-lhe uma sanção S" é prescrever um "quando" e um "onde" para o caso X e, por conseguinte, também determinar quando S deve produzir-se.

Aliás, afirma Kelsen, a limitação no espaço e no tempo para as ordens jurídicas é de extrema utilidade, pois "Graças a essa limitação no espaço da validade do sistema estatal, pode coexistir uma imensidade de Estados, sem que, entre eles, surjam, inevitavelmente, conflitos."[86] Embora não haja espaço aqui para detidas considerações sobre esse argumento, deve-se indicar, ao menos, que Kelsen pretende, com esta afirmação, atribuir ao direito internacional a função de delimitar a porção de espaço para o qual será válida cada ordem estatal.

Portanto, se o Estado é representado na tradição jurídica como "um agrupamento de indivíduos que vivem num território submetidos a um poder juridicamente organizado", para Kelsen o Estado consiste em uma ordem cujas normas regulam a conduta humana e que possui autoridade em razão de sua validade. Daí afirmar que:

> "A limitação da esfera de validade da ordem coercitiva chamada Estado a um território definido significa que as medidas coercitivas, as sanções, estabelecidas pela ordem, têm de ser instituídas apenas para esse território e

83. H. Kelsen (1925), p. 118.
84. H. Kelsen (1912-1914), p. 126-128.
85. H. Kelsen (1945), p. 299-300.
86. H. Kelsen (1025), p. 52.

executadas apenas dentro dele."[87]

Deste modo, evidencia-se a diferença existente entre a ordem jurídica estatal e a ordem jurídica moral: o âmbito de validade das normas do Estado não segue para além do que se compreende como particular extensão de validade de suas normas, ao passo que, não raro, em sede moral, pretende-se sua universalidade.

Nesse sentido, o território do Estado não é uma unidade "natural" ou "geográfica" porque sua amplitude encontra-se definida normativamente.[88] Ou seja, não é suficiente considerar o Estado como uma porção de terra delimitada em suas fronteiras, pois o território do Estado, como âmbito de validade cujo controle encontra-se vinculado a uma ordem jurídica específica, projeta-se para o espaço aéreo e subterrâneo, demais de estender-se para determinado ponto de domínio marítimo (este, com áreas não-exclusivas ou partilhadas com outros Estados).

> "O território do Estado é o espaço dentro do qual é permitido que os atos do Estado e, em especial, os seus atos coercitivos, sejam efetuados, é o espaço dentro do qual o Estado e, isso significa, os seus órgãos estão autorizados pelo Direito internacional a executar a ordem jurídica nacional. A ordem jurídica internacional determina como a validade das ordens jurídicas nacionais está restrita a certo espaço e quais são as fronteiras desse espaço." (H. Kelsen. TGDE, p. 301.)

> "O território do Estado é um espaço rigorosamente delimitado. Não é um pedaço, exatamente limitado, da superfície do globo, mas um espaço tridimensional ao qual pertencem o subsolo, por baixo, e o espaço aéreo por cima da região compreendida dentro das chamadas fronteiras do Estado. É patente que a unidade desse espaço não é uma unidade natural, geograficamente definida (...). Nenhum conhecimento naturalístico, mas só um conhecimento jurídico, pode dar resposta à questão de saber segundo que critério se determinam os limites ou fronteiras do espaço estatal, o que é que constitui a sua unidade. O chamado território do Estado apenas pode ser definido como o domínio espacial de vigência de uma ordem jurídica estatal." (H. Kelsen. TP2, p. 319.)

Entretanto, não é porque a ordem jurídica nacional está restringida pela ordem jurídica internacional (pois há outros Estados) que a ordem jurídica nacional esteja apenas autorizada a regulamentar a conduta dos indivíduos que vivem dentro de "seu" espaço. Pensem-se aqui nos delitos que, ainda que tenham sido realizados em outro Estado, mantêm certa conexão de interesse com o Estado que o prevê como delito e até o sanciona.[89] É dizer, entende Kelsen que:

> "Um Estado pode, sem violar o Direito internacional, vincular sanções a delitos cometidos dentro do território de outro Estado. O Direito internacional só é violado quando se decreta uma norma que prescreve que um ato coercitivo

87. H. Kelsen (1945), p. 300.
88. H. Kelsen (1945), p. 300.
89. Por exemplo: art. 7.º do Código Penal brasileiro que prevê hipóteses de extraterritorialidade.

seja efetuado no território de outro Estado, ou então quando um ato coercitivo, ou um ato preparatório de tal ato coercitivo, é efetivamente posto em prática no território de outro Estado."[90]

Portanto, o Estado não configura, para Kelsen, um plano que se projeta apenas na superfície da Terra. O Estado, na realidade, possui "três dimensões",[91] pois a sua largura e comprimento são apenas parte de seu domínio ou campo de exercício de seu caráter coercitivo porque ainda há a profundidade e altura perfazendo uma configuração cônica. "Cônica" porque como a Terra é um globo, o âmbito territorial dos Estados se projeta para seu centro como um cone invertido; dessa forma, todos se encontram no ponto mediano.[92]

De mais a mais, como a validade normativa de um Estado é exclusiva em seu território, dessa impenetrabilidade (salvo as exceções decorrentes de tratados internacionais) advém a necessidade de se acrescentar mais um elemento à tradicional catalogação, elemento este já mencionado há pouco: o tempo. O "tempo" porque um Estado existe em dado tempo histórico podendo desaparecer. E este desaparecimento é um desaparecimento jurídico, o desaparecimento da validade da ordem jurídica de um Estado.[93] Assim, em relação ao tempo, decorrem problemas importantes para Kelsen: o problema do nascimento e morte do Estado; do reconhecimento de uma comunidade como Estado (seja este reconhecimento *de jure* ou de fato; com força retroativa ou não; por meio de ingresso na Liga das Nações ou reconhecimento de governos; envolvendo insurgentes ou não); o problema da sucessão de Estados; e a questão das servidões.

Com este aparato, Kelsen passa a expor as diversas organizações territoriais que o Estado pode apresentar, sejam elas centralizadas ou descentralizadas. Como a organização territorial do Estado resulta das suas regulações, tais regulações podem ser válidas para todo o território ou ainda pode haver regulações válidas para todo território e outras apenas para parte desse território. Para as primeiras, Kelsen reserva o nome de "normas centrais"; para as últimas, de "não centrais". Ou seja, as normas jurídicas locais formam ordens jurídicas parciais. Por isso a centralização é total se todas as regras do sistema forem válidas em um território; e a descentralização é total se cada regra é válida apenas para parte do território.

Entretanto, no segundo caso, para haver unidade é necessário supor que uma norma seja válida para todo o território, caso contrário não haverá um único Estado nacional. Deste modo, a separação entre as normas centrais e as normas não centrais se processa segundo dois princípios: (1) ou por graus da ordem jurídica; (2) ou, independentemente do grau, por matérias. Na hipótese 1, constitui exemplo a situação em que as normas constitucionais são validas em todo território, sendo que

90. H. Kelsen (1945), p. 301-302.
91. H. Kelsen (1945), p. 312.
92. H. Kelsen (1925), p. 54.
93. H. Kelsen (1945), p. 314-318.

qualquer outra norma tem validade apenas em certa parte do território; na hipótese 2, podem-se conceber como centrais normas de direito civil, e locais as regras de direito industrial.[94] Portanto, enquanto na primeira situação o que importa é o nível normativo formal, no segundo caso o que importa é o tema abordado.

Aliás, é comum utilizar-se tanto um como outro desses recursos técnicos: algumas matérias são nacionais e outras locais; certos planos formais são nacionais e outros regionais ou locais. Note-se que esses dados podem servir de referenciais de análise para formas distintas de organização estatal, tais como a forma unitária (que apresenta centralização total), confederal (que apresenta descentralização total sendo uma junção de Estados nacionais procedida por tratado), e a federal (que apresenta a integração das técnicas, bem como da participação dessas mesmas descentralizações nas decisões nacionais).[95] Nestes termos, o Estado unitário, o Estado federal, e a Confederação de Estados equivalem – como Estados – a um sequencial de graus crescentes de descentralização.

Como variação do mesmo tema, Kelsen diferencia a descentralização em descentralização perfeita e descentralização imperfeita.[96] "Perfeita" é a descentralização quando as normas locais são estabelecidas de modo definitivo e de modo independente. "Imperfeita" é a descentralização que não apresenta pelo menos uma dessas características. O "modo definitivo" se verifica com a impossibilidade de que as normas centrais possam revogar ou substituir as locais (aspecto formal); o "modo independente", refere-se ao conteúdo, *i.e.*, as normas centrais não podem ter como mudar o conteúdo das normas locais (aspecto material). Além disso, costuma-se identificar possibilidades de Uniões entre Estados.

Segundo Kelsen, as Uniões (*Unionen*) decorrem de laços existentes entre Estados de monarca comum. Por essa razão ser possível a este Estado a feição de União real ou uma União pessoal. "Uniões reais" são as Uniões em que há ministros comuns para os interesses comuns entre os Estados reunidos no comando do monarca; já nas "Uniões pessoais", embora o monarca seja comum, nenhum ato executivo é válido para ambos os Estados.

Deste modo, o monarca comum deve – para gerar consequências para os Estados sob seu comando – assinar dois tratados. Observe-se ainda que, quando uma união entre dois Estados possui a característica de um deles ser o Estado protetor, ou seja, ser um Estado comprometido em zelar pela proteção do Estado protegido contra, principalmente, as ameaças internacionais armadas, está-se diante de um "protetorado".[97]

94. H. Kelsen (1925), p. 77-95.
95. H. Kelsen (1925), p. 85-86.
96. H. Kelsen (1925), p. 80.
97. H. Kelsen (1925), p. 91-93.

7.4 Povo e nacionalidade

Da mesma forma que o direito interno de um Estado apenas é válido no espaço e no tempo, entende Kelsen que ele também só é válido para um número limitado de indivíduos.[98] Tais indivíduos formam o que normalmente é indicado com o nome de "povo". Assim, pode-se agora fazer a seguinte pergunta: quais são os indivíduos para quem a ordem jurídica é válida?

Sabe-se que a doutrina tradicional concebe o "povo" como um grupo de homens que residem em dado território. Kelsen altera esta compreensão: do mesmo modo que o território é especificado normativamente, igualmente o povo expressa um conjunto de indivíduos que têm a conduta regulada pela ordem jurídica estatal.[99]

Conforme entende Kelsen, "povo" corresponde a

> "(...) esfera pessoal de validade de referida ordem". Portanto, dependendo das incidências normativas dos acordos internacionais, há aqueles que podem desfrutar de certas proteções singularizadas, o que implica a distinção entre nacionais e estrangeiros. [Porque como] "(...) as regras estaduais não alcançam o indivíduo inteiro, mas apenas alguns dos seus atos, ações ou abstenções... o indivíduo só faz parte do povo na proporção em que está submetido à dominação estatal".[100]

Nestes termos, nem todos os indivíduos que se encontram no território do Estado fazem parte do povo. Mais do que isso: há aqueles que, em virtude de regras do direito positivo, não estão sujeitos à aplicação do direito estatal, como ocorre com os representantes diplomáticos, que são beneficiários do chamado "privilégio de extraterritorialidade".[101]

Poderia pensar-se que as ponderações de Kelsen se encerram neste ponto. Entretanto, deve acrescentar-se que há forte presença de considerações de índole político-teórica dele neste particular. Porque se as pessoas jurídicas físicas participam da aplicação-criação das normas, conforme entende Kelsen, tem-se, aqui, a variação dos possíveis modelos a respeito do exercício dos "direitos políticos".[102]

Em termos bastante gerais, referidas composições oscilam entre modelos que estatuem partícipes diretos até os que agem através de representantes. Este tema, aliás, foi muito caro a Kelsen, principalmente, nos textos "A Democracia na Administração", de 1921,[103] e "Democracia", de 1927.[104]

98. H. Kelsen (1925), p. 56.
99. H. Kelsen (1945), p. 334.
100. H. Kelsen (1925), p. 57.
101. H. Kelsen (1925), p. 57.
102. Ver Capítulo 7, "O Pensamento Político de Hans Kelsen".
103. H. Kelsen (1921a), p. 123-170.
104. H. Kelsen (1921b), p. 63-75; *Idem* (1927), p. 3-35.

Com atenção ainda à participação nas decisões coletivas, observe-se que a distinção entre nacional e estrangeiro aqui é muito importante. Isto porque, dado o fato de o estrangeiro não ter todos os direitos de um nacional, a ideia de nacionalidade atua como conceito-limite entre os que possuem certos direitos e os que não possuem certos direitos dentro de um Estado.

Um dos pontos mais significativos desse aspecto, segundo Kelsen, consiste no fato de, embora os estrangeiros possam reclamar em seu proveito a proteção da ordem jurídica, eles continuam a não ter direitos políticos, *i.e.*, não podem participar das decisões coletivas relativas ao Estado, mesmo que tenham alguns deveres civis em razão de estarem submetidos às regras do Estado que os abriga.[105] Desse modo, mais uma vez, a conduta humana recai na alçada de regras que sancionam e cujo conjunto forma uma ordem única de imputações.

Ora, se as pessoas físicas remetem a feixes de imputação e se o Estado igualmente é um complexo feixe de imputações, é possível notar a sobreposição de termos que Kelsen reduz às normas. Ou seja, para Kelsen, tanto "sociedade" como "comunidade" são sinônimos de "ordem regulada". Todo fenômeno social-comunitário converge para o campo de assimilação do normativo.

Por esta razão, diz Kelsen que:

> "O Estado é a comunidade criada por uma ordem jurídica nacional (em contraposição a uma internacional). O Estado, como pessoa jurídica, é uma personificação dessa comunidade ou a ordem jurídica nacional que constitui essa comunidade."[106]

E ainda:

> "Se o Estado é concebido como uma comunidade social, esta comunidade apenas pode ser constituída por uma ordem normativa. E visto que uma comunidade apenas pode ser constituída por tal ordem normativa, a ordem normativa que constitui o Estado apenas pode ser a origem de coerção relativamente centralizada que nós verificamos ser a ordem jurídica estatal."[107]

Enfim, as considerações sociológicas são "soterradas" pelo discurso jurídico de Kelsen e pela específica função de o direito ser técnica de controle de comportamentos que se concretiza pela atividade dos agentes do Estado.

7.5 Soberania, validade e existência do Estado

Sabe-se que o "poder" é normalmente considerado como o terceiro elemento constitutivo do Estado.[108] E que "soberania" é a característica que define este poder. Quanto a isso, parece ser oportuno estabelecer algumas observações.

105. H. Kelsen (1925), p. 75-77.
106. H. Kelsen (1945), p. 261-262.
107. H. Kelsen (1960), p. 318.
108. H. Kelsen (1945), p. 364-365.

Desde ao menos Jean Bodin,[109] a soberania é tida como "uma forma essencial do político",[110] a "*summa legibusque absoluta potestas*". John Austin posicionou-se no mesmo sentido quando fez referência a uma "sociedade política independente":[111]

> "Quando um determinado superior humano, que não possua o hábito de obedecer a um outro superior, e recebe habitual obediência da maior parte de uma sociedade, este superior é soberano nesta sociedade, e esta sociedade (incluindo o superior) é uma sociedade política independente".[112]

E ainda:

> "Cada lei positiva, ou cada lei assim chamada, sem outra qualificação e em sentido estreito, é posta por um soberano, individual ou coletivo, por um ou mais membros da sociedade política independente na qual ele ou eles são soberanos ou supremos".[113]

Mas, nas vestes de Kelsen, como não se ignora, a política encontra-se neutralizada ou excluída da soberania, porquanto esta se identifica com o ordenamento jurídico em sua totalidade.[114] Por isso, Kelsen afirma que Austin não forneceu um conceito jurídico de Estado.[115] De fato, soberania, em Austin, é colocada como termo correlato ao de "sujeição" no sentido de que o soberano é aquele que não obedece a ninguém, ao mesmo tempo em que catalisa a obediência de todos.

Para Kelsen, isso não está correto. A soberania é uma suposição, não uma característica real de uma coisa real.[116] Não é faticamente constatável porque não passa de uma metáfora. É apenas uma hipótese, um pressuposto no pensamento do observador que deseja conhecer o Estado e o direito porque a soberania é qualidade do ordenamento jurídico e não do Estado, no sentido que lhe é tradicional.[117] Por outras palavras, o Estado é a ordem jurídica, e se se quiser equiparar ou sobrepor um pretenso poder, tal equiparação ou maneira de sobrepor é inadequada; numa ordem jurídica, o poder nada mais é que poder jurídico, o exercício de competências que a ordem jurídica atribui aos sujeitos.

Assim, não aceita Kelsen a "teria da autolimitação" de Jellinek porque se se concebem direitos e deveres, se concebem direitos e deveres de uma ordem jurídica unitária. Por isso ser inadmissível criar uma duplicidade de vontades para depois limitá-la. Trata-se apenas de um pseudoproblema decorrente de uma artificiosa e

109. J. Bodin. *Seis livros da República*, Livro I, Cap. VIII.
110. S. Goyard-Fabre (1989), p. 91.
111. J. Austin (1954), p. 239.
112. J. Austin (1954), p. 239.
113. J. Austin (1954), p. 238.
114. H. Kelsen (1920), p. 21.
115. H. Kelsen (1941), p. 275.
116. H. Kelsen (1941), p. 281.
117. H. Kelsen (1920), p. 23.

insuficiente personificação.[118] Se o Estado é personificação de algo, é personificação no sentido de uma metáfora, pois apenas pode personificar o ordenamento jurídico em sua totalidade, no seu conjunto de normas jurídicas.[119] E isto pode ser explicado, segundo Kelsen, ainda de outra maneira. Caso se divida o Estado em instâncias diversas, ou mesmo em momentos diversos de estatuir (um que cria outro que se auto-restringe), estar-se-ia renunciando a sua própria soberania, o seu comando.

Neste sentido, a referência à "vontade soberana" consiste, para Kelsen, em apenas mais "invasão" mítica que se faz presente em algumas ideias sobre o Estado como uma unidade personificada e, não, como o que de fato é, a normatividade jurídica mesma.

> "Há uma forte analogia entre a técnica conceitual da teologia e aquela do direito – ambas são disciplinas normativas – e, especialmente, um extraordinário parentesco entre a estrutura lógica do conceito de Deus e o conceito de Estado. E aqui é óbvia a remissão ao paralelo que existe entre a cisão do Estado, materialmente idêntico (ao ordenamento jurídico), em ordenamento jurídico objetivo e subjetivo de obrigações e direitos, submetido ao ordenamento jurídico de onde se originam as obrigações e os direitos, e aquela cisão com a qual a teologia católica separa a divindade em pai e filho. Na representação de um Deus-Filho submetido a um Deus-Pai, a teologia renuncia o momento de um querer supremo, momento que é imediatamente (também mediatamente) essencial ao conceito de Deus, e ao atributo de onipotência. Assim o direito, concebendo a pessoa estatal (cingida), renunciaria à sua soberania." (H. Kelsen. PS, p. 33-34.)

Neste particular, Kelsen afirma que o poder corresponde à eficácia da ordem jurídica estatal que incide,[120] com o que a eficácia da ordem estatal – entendida esta como acatamento ou obediência dos homens a ela submetidos – está presente em seu compósito teórico,[121] sendo, ela mesma, a visão fático-existencial do Estado. Todavia, esta afirmação deve ser bem compreendida.

Para Kelsen, não é a eficácia da norma que está sendo atestada, mas a postura dos indivíduos que, ao pensarem na norma veem-se incitados a agir, a manter as suas condutas conforme às normas. Diz Kelsen: "Um indivíduo sente a tentação de roubar, mas lembra-se da determinação do Estado que proíbe o roubo; esta ideia desvia-o do seu projeto".[122]

Por outras palavras, a eficácia é condição *sine qua non*, mas não condição *per quam* da validade da ordem estatal. Portanto, Kelsen não nega a materialidade das relações humanas, pois esta é condição "sem a qual" não se pode pensar o

118. H. Kelsen (1920), p. 30.
119. H. Kelsen (1920), p. 127.
120. H. Kelsen (1926), p. 50.
121. H. Kelsen (1925), p. 11.
122. H. Kelsen (1925), p. 12.

direito, é dizer, não há como se pensar em direito sem sociedade. Apesar disso, não é a eficácia condição "pela qual" o direito se expressa, pois o direito apenas se expressa normativamente pela imputação cujo plano existencial é ideal e, não, material empírico.[123]

8. Conclusões

a) Kelsen entende que as teorias do Estado encontram-se repletas de explicações que transformam o Estado em um ente dual, como se o Estado não fosse o próprio direito. Assim, sob a pretensão de analisarem o fenômeno estatal, o personificam.

b) Para Kelsen, as teorias tradicionais mascaram uma equação lógica: que o Estado é mera expressão do ordenamento jurídico, *i.e.*, de "imputações";

c) Se o Estado é o ordenamento jurídico, deve-se aplicar o método jurídico ao Estado. Toda teoria que não compreende este princípio fundamental nada mais faz do que subentender o conceito jurídico do Estado, com o que essas teorias se encontram um passo depois do ponto de análise em que deveriam estar;

d) "Território", "povo", "comando", são tão-somente conceitos jurídicos. Território é a extensão da validade da ordem jurídica; povo é a esfera pessoal de validade de referida ordem; poder ou comando são outras expressões para o termo soberania. E "soberania" equivale a eficácia da ordem jurídica estatal que incide. Como o Estado possui certa existência histórica, o tempo deve ser, para Kelsen, acrescentado à lista de elementos constitutivos do Estado;

e) Kelsen promove o "soterramento" de inúmeras construções da sociologia. Seu discurso conduz a presença do Estado e de seus agentes ao método jurídico. Porque, como ordenamento jurídico que é, apenas através dos feixes de imputação é que se pode compreender juridicamente o Estado.

123. Ver Capítulo 1, "Teoria Pura do Direito".

6

A FUNÇÃO DA CONSTITUIÇÃO

1. Palavras iniciais

O objetivo deste breve capítulo é apenas o de servir de complemento ao quanto já foi tratado nos capítulos anteriores. O seu "pano de fundo" é a teoria constitucional.

Assim, partirei da noção de Constituição de Kelsen (item 2) a fim de, na sequência, apresentar outros lineamentos, tais como supremacia (item 3), a descontinuidade constitucional (item 4) e o debate que travou com Carl Schmitt a respeito de a quem cabe defendê-la (item 5).

Finalmente, encerrarei o estudo, seguindo o que venho fazendo até aqui, com algumas notas conclusivas (item 6).

2. O conceito de Constituição em Kelsen

O conceito de Constituição em Kelsen aparece vinculado à estrutura hierárquica. Quando Kelsen trata da Constituição, ele declara que "o direito regula a sua própria criação..." e que "a ordem jurídica não é um sistema de normas jurídicas ordenadas no mesmo plano". Isto, para concluir que "a Constituição representa o escalão de direito positivo mais elevado".[1]

Para compreender este aspecto, é importante ter em mente a distinção, muito cara a Kelsen, entre constituição em sentido "material" e constituição em sentido "formal". Nestes termos:

> "Com esta palavra – Constituição em sentido material – designo a norma

1. H. Kelsen (1964), p. 80.

positiva ou as normas positivas através das quais é regulada a produção das normas jurídicas gerais." (TPD: 222)

Assim,

"Da constituição em sentido material deve distinguir-se a Constituição em sentido formal, isto é, um documento designado como 'Constituição' que – como Constituição escrita – não só contém normas que regulam a produção de normas gerais, ou seja, a legislação, mas também normas que se referem a outros assuntos politicamente importantes." (TPD: 222)

Segundo entende Kelsen, a "constituição material" pode ser "escrita" como pode ser "não-escrita", ao passo que a "constituição formal" é sempre escrita.

Assim, a diferença que há entre a constituição escrita e a não escrita é bastante singela: a primeira encontra-se em um documento que contém as suas normas, ao passo que as não-escritas têm a sua origem nos costumes. Desse modo, uma Constituição pode decorrer de atos de vários indivíduos incumbidos de produzi-la ou da prática histórica de dada sociedade política.

Estas informações são relevantes a fim de que se possa compreender o tema da supremacia da Constituição em Kelsen.

3. Supremacia da Constituição em Kelsen

No centro da teoria da Constituição de Kelsen encontra-se o tema de sua supremacia. De fato, em sua teoria, a supremacia da Constituição é ancorada em três pontos:

a) na hierarquia das normas;

b) na regulação de conteúdos; e

c) na rigidez da constituição.

Como já foi tratado, para Kelsen o ordenamento jurídico é um conjunto de normas ordenado.[2] Esta organização é devida ao aspecto de regulação que segue de norma superior à inferior. É dizer,

"A ordem jurídica não é um sistema de normas jurídicas ordenadas no mesmo plano, situadas uma ao lado das outras, mas é uma construção escalonada de diferentes camadas ou níveis de normas jurídicas. A sua unidade é produto da conexão de dependência que resulta do fato de a validade de uma norma, que foi produzida de acordo com outra norma, se apoiar sobre essa outra norma, cuja produção, por sua vez, é determinada por outra (...)." (TPD: 221-222)

Além de a constituição regular a produção das normas jurídicas, ela também rege, com certa frequência, o seu "conteúdo". Por isso Kelsen afirma que:

"A Constituição (...) pode também determinar o conteúdo das futuras leis.

2. Ver Capítulo 1, "Teoria Pura do Direito", item 5.

> E as Constituições positivas não raramente assim procedem ao prescrever ou ao excluir determinados conteúdos. No primeiro caso, geralmente apenas existe uma proposta de leis a fixar e não qualquer obrigação de estabelecer tais leis, pois, já mesmo por razões de técnica jurídica, não pode facilmente ligar-se uma sanção ao não estabelecimento de leis com o conteúdo prescrito. Com mais eficácia, porém, podem ser excluídas pela Constituição leis de determinado conteúdo. O catálogo de direitos fundamentais e liberdades fundamentais, que forma parte substancial das modernas constituições, não é, em sua essência, outra coisa senão uma tentativa de impedir que tais leis venham a existir." (TPD: 223)

Contudo, de nada valeria determinar critérios formais de produção – e eventualmente o conteúdo das leis produzidas – se a Constituição mesma não oferecesse alguma forma de resistência à modificação pelas leis futuras. Ou seja, de nada valeria o esforço de defendê-la se a Constituição não possuísse certo grau de rigidez, de modo que, "Tudo isso (...)", diz Kelsen,

> "(...) encontra-se sob o pressuposto de que a simples lei não tenha força para derrogar a lei constitucional que determina a sua produção e o seu conteúdo, de que esta lei somente possa ser modificada ou revogada sob condições mais rigorosas, como sejam uma maioria qualificada ou um *quorum* mais amplo. Quer isso dizer que a Constituição prescreve para a sua modificação ou supressão um processo mais exigente, diferente do processo legislativo usual; que, além da forma legislativa, existe uma específica forma constitucional." (TPD: 224)

Portanto, segundo Kelsen, faz parte do desenho da supremacia constitucional sua peculiar resistência à revogação. Daí nosso autor ser enfático ao diferenciar esta situação da previsão de anulação das normas que a contrariarem: responsabilizar de algum modo quem descumpre a Constituição é uma coisa; outra, eliminar o resultado normativo da desobediência, o que torna imprescindível a previsão de nulificá-lo. Assim, afirma Kelsen, que:

> "Embora não se tenha plena consciência disso (...) é certo que uma Constituição que, por não dispor de mecanismos de anulação, tolera a subsistência de atos e, sobretudo, de leis com ela incompatíveis, não passa de uma vontade despida de qualquer força vinculante. Qualquer lei, simples regulamento ou todo negócio jurídico geral praticado por entes privados teria uma força jurídica superior à Constituição, a que estão subordinados e que lhes outorga validade. É que a ordem jurídica zela para que todo ato que contraria uma norma superior diversa da Constituição possa ser anulado. Assim, essa carência de força obrigatória contrasta radicalmente com a aparência de rigidez outorgada à Constituição através da fixação de requisitos especiais de revisão. Por que tanta precaução se as normas da Constituição, ainda que quase imutável, são, em verdade, desprovidas de força obrigatória? Certo é, também, que uma Constituição, que não institui uma Corte Constitucional ou órgão análogo para anulação de atos inconstitucionais, não se afigura destituída de sentido jurídico. A sua violação pode dar ensejo a sanções onde exista pelo menos o instituto da responsabilidade ministerial contra os órgãos que participaram da formação do ato, desde que

> admita sua culpa. Mas, além do fato de que, como ressaltado, essa garantia não se mostra muito eficaz, uma vez que deixa íntegra a lei inconstitucional, não se há de admitir que a Constituição estabeleça uma única via possível para a edição das leis. O texto constitucional explicita, consoante o seu sentido literal e subjetivo, que as leis devem ser elaboradas de um certo modo e que hão de ter, ou não, determinado conteúdo. Mas no seu sentido objetivo, admite a Constituição que a lei é válida, mesmo em caso de inobservância de regras de índole procedimental ou material." (GJC: 198)

Deste modo, conclui-se que a jurisdição constitucional decorre logicamente de uma Constituição em sentido estrito, ou seja, de uma Constituição que hierarquicamente posiciona-se em grau superior, que determina normativamente conteúdos e é resistente à revogação por simples lei. Neste sentido, trata-se aqui da constituição jurídico-positiva, elaborada por vontade humana constituinte. Em síntese, de uma constituição que tem por tarefa fundamentar a validade de certo conjunto de normas.[3]

4. Descontinuidade constitucional com continuidade legal?

Apesar da preocupação de Kelsen em explicar de que se trata a característica da supremacia constitucional, toda Constituição submete-se às vicissitudes políticas e a instabilidade institucional.

Sendo isto um fato político, pode-se perguntar sobre o que ocorre em relação às normas que foram produzidas regularmente quando a sua Constituição regente sofre uma ruptura.

Atento para este fenômeno do mundo jurídico, Kelsen recorre a antigo instituto do direito romano para explicar esta situação inusitada.

Esta a passagem:

> "De um ponto de vista jurídico, o critério decisivo de revolução é o de que a ordem em vigor foi derrubada e substituída por uma nova ordem de um modo que a primeira não havia previsto. Na maioria das vezes, os novos homens que a revolução leva ao poder anulam a constituição e certas leis de importância política proeminente, e estabelecem outras normas em seu lugar. Uma boa parte da velha ordem 'permanece' válida dentro da estrutura da nova ordem. Mas a expressão 'permanece válida' não dá uma descrição adequada do fenômeno. Apenas o conteúdo dessas normas permanece o mesmo, não o fundamento de sua validade. Elas não são mais válidas em virtude de terem sido criadas da maneira prescrita pela velha constituição. Essa constituição não está mais em vigor; ela foi substituída por uma nova constituição que não é o resultado de uma alteração constitucional da primeira. Se as leis introduzidas sob a velha constituição 'continuam válidas' sob a nova constituição, isso é possível apenas porque a

3. Assim, não se confunde com o método para descrevê-la. Veja, Capítulo 1, "Teoria Pura do Direito", item 8. H. Kelsen (1964), p. 83.

> validade lhes é conferida, expressa ou tacitamente, pela nova constituição. O fenômeno é um caso de recepção semelhante à recepção do Direito romano. A nova ordem recebe, isto é, adota normas da velha ordem; isso quer dizer que a nova ordem dá validade (coloca em vigor) as normas que possuem o mesmo conteúdo das normas da velha ordem. A 'recepção' é um procedimento abreviado de criação de Direito. As leis que, na linguagem comum, inexata, continuam sendo válidas são, a partir de uma perspectiva jurídica, leis novas cuja significação coincide com a das velhas leis." (GTLS: 209)

Assim, analisando a situação, Kelsen deixa claro que por deliberação política e aceitação dos órgãos de decisão da nova ordem jurídica as normas que não são contrastantes com o novo regime constitucional são geralmente mantidas e continuam sendo usadas.

No entanto, embora seja usual dizer-se que, porque usadas, continuam válidas, Kelsen coloca sempre a palavra "validade" entre aspas neste contexto. Isto porque, não é que elas "continuam válidas"; é a nova ordem jurídica que lhes atribui esta validade, o que não se trata, propriamente, de uma "continuidade", mas de renovação. Até porque, o que ocorreu juridicamente foi uma ruptura da ordem jurídica anterior dado um momento de crise institucional.

Em linguagem técnica, trata-se, propriamente, de novo ato constitutivo.

5. Hans Kelsen contra Carl Schmitt

Na obra *A Defesa da Constituição*, Carl Schmitt afirma que a Constituição alemã de Weimar de 1919, Constituição então vigente, não deveria encontrar defesa no legislador. A razão aduzida por Schmitt era que o legislativo deveria se subordinar à Constituição, e o parlamento, enquanto expressão de forças políticas distintas, dispersava a unidade política sendo uma ameaça à realização do Estado Total.[4]

Segundo Schmitt, também não caberia aos juízes defender a Constituição contra qualquer descumprimento tendo em vista que a decisão de um tribunal sobre a regularidade de uma lei seria invadir a órbita do legislador de fazer o que deve fazer, isto é, legislar. Além disso, o resultado seria submeter a Constituição ao direito, politizando as incumbências dos juízes.

Contudo, esta conclusão de Schmitt claramente contrariava o art. 19 da Constituição de Weimar, porquanto este dispunha que:

> "Os litígios constitucionais que se suscitem num estado desprovido de tribunal competente para os dirimir e, outrossim, os litígios entre os diferentes Estados ou entre o Império e um estado, contanto que não sejam de direito privado, são decididos, a requerimento de uma das partes, pelo Tribunal de Justiça de Estado

4. Para Schmitt o "Estado Total" consiste no momento histórico ainda não realizado segundo o qual haveria absoluta identidade dos interesses da sociedade com os interesses do Estado, de maneira que carecia ao Parlamento de legitimidade para consolidar e defender a Constituição.

para o Império Alemão, salvo se puderem ser decididos por outro tribunal do Império. O Presidente do Império executa a decisão do Tribunal de Justiça de Estado." (GC: 43; 45)

Schmitt se posicionava no sentido de que quem deveria proteger a Constituição era o Chefe do Executivo, o Presidente do Reich eleito pelo povo alemão (art. 48). Assim, Schmitt atribuía à defesa da Constituição a própria defesa da integridade política e territorial, de maneira que o Presidente do Reich, aquele que tem condições de atuar de maneira eficaz, inclusive fazendo uso de armas se necessário, caberia tal tarefa protetora.[5] Apenas ele, o Presidente do Reich, está em condições de tornar real o "Estado Total".

Eis o que afirma:

> "Se o Estado não cumprir com as suas obrigações, tal como previsto na Constituição ou em alguma lei do Reich, o Presidente do Reich pode torná-las efetivas através das Forças Armadas. Se a segurança e a ordem pública forem seriamente perturbadas ou ameaçadas, o Presidente do Reich pode tomar as medidas imprescindíveis para o restabelecimento da segurança e ordem pública, mesmo com forças armadas, se necessário. Para isso poderá, inclusive, suspender temporariamente no todo ou parte o gozo dos direitos fundamentais consagrados nos artigos 114, 115,117, 118, 123, 124 e 153." (GC: 47)

A essas formulações de Carl Schmitt, Kelsen se opõe vigorosamente.[6]

Em primeiro lugar, Kelsen rechaça a noção de "Estado Total". Afirma que imaginar que o pluralismo é um perigo à unidade do Estado é juízo valorativo que conduz ao extremismo e a questionar as leis do Estado federativo.

Em segundo lugar, condena a visão de Schmitt de considerar o pluralismo político como conduta inconstitucional porque na contramão do "Estado Total" e convergente de valores.

Em terceiro lugar, Kelsen questiona os poderes e o caráter ético-político neutro do Chefe do Executivo ao controlar a regularidade das leis.

Em quarto lugar, não pela razão de ter sido eleito que o Presidente do Reich deveria ser considerado em posição distinta da do Parlamento em grau de importância política. Em suma, o defensor da Constituição não pode ser o Executivo.

Ademais, com respeito ao Parlamento, Kelsen afirma que ele é um potencial descumpridor da Constituição que deveria defender. Kelsen justifica sua posição afirmando que o Parlamento não é instituição independente das pressões políticas porque ele mesmo, o Parlamento, é um órgão político de interesses. Aliás, é esta a sua tarefa, ser representante dos interesses e anseios populares.

5. Para o lastro teórico deste ponto, veja Capítulo 8, "Choque de mundos: Carl Schmitt contra Kelsen".
6. H. Kelsen (1928), p. 34-40.

Como alternativa, realça os méritos de uma defesa da Constituição realizada de modo concentrado por um Tribunal Constitucional. Um juízo que se encontra sem a dependência dos partidos e que tivesse o poder de anular normas por confrontarem a Constituição. No entanto, Kelsen não está dizendo com isso que este tribunal não exerce um poder político. Ao contrário. O que Kelsen está afirmando é que o seu mérito é ser independente de pressões específicas.

Diz Kelsen:

> "(...) O papel do Tribunal Constitucional possui caráter político em uma medida muito maior da dos outros tribunais – e aqueles que saíram em defesa a instauração de um Tribunal Constitucional nunca desconheceram ou negaram seu significado político de uma sentença de um Tribunal Constitucional –, porém não é por causa disso que a sentença deste 'Tribunal' não teria a função 'jurisdicional'." (GJC: 190)

Portanto, segundo Kelsen, o caráter político deste Tribunal se deve, propriamente, ao fato de atuar como um "legislador negativo", um legislador que legisla retirando leis irregulares da ordem jurídica.

> "Desde o ponto de vista teórico, a diferença entre um Tribunal Constitucional competente para cassar uma lei irregular e um Tribunal ordinário de âmbito civil, penal ou administrativo, é que tanto estes como aquele aplicam Direito e também produzem Direito; estes produzem apenas normas individuais, enquanto que aquele aplicando a Constituição a um fato concreto de produção não produz senão destrói uma norma geral, é dizer, coloca o *actus contrarius* correspondente à produção jurídica, ou seja, que oficia como 'legislador negativo'." (GJC: 194)

Mas as considerações de Kelsen seguem um pouco mais além. Isto porque, nas tarefas do Tribunal Constitucional encontra-se a de zelar pelos direitos fundamentais e defender a organização político-territorial, isto é, o Estado federal. Daí afirmar que:

> "(...) é no Estado federal onde a Justiça Constitucional adquire a sua maior importância. Não é exagerado dizer que a ideia política do Estado federal somente encontra plena realização com a instauração do Tribunal Constitucional".[7]

A todas essas ponderações, acrescenta outra, agora, de guarda da paz interna:

> "(...) Assim como uma eventual justiça internacional teria como fim tornar inútil a guerra entre os povos, a justiça constitucional se apresenta, em última análise, como uma garantia da paz política no interior do Estado".[8]

7. H. Kelsen (1928), p. 77-78.
8. H. Kelsen (1928), p. 80.

6. Conclusões

a) O conceito de constituição de Kelsen encontra-se ancorado as noções de hierarquia, supremacia e garantia da supremacia da constituição;

b) Segundo Kelsen o conceito de constituição pode ser analisado em seu sentido jurídico material e em seu sentido formal. Em sentido material constituição significa norma superior no escalão hierárquico que regula a produção das demais normas; no sentido formal, constituição expressa norma que consagra assuntos politicamente importantes;

c) A função normativa da constituição é a de fundamentar a produção de outras normas;

d) Uma constituição pode, além de regular formalmente a produção de outras normas, pode também regular o seu conteúdo;

e) Uma constituição rígida protege seu conteúdo contra atos que sejam com ela contrastantes; para tanto, deve prever alguma técnica de nulificação;

f) A continuidade das normas inferiores após o rompimento de uma constituição consiste em um ato constitutivo de renová-las não afastado pela nova ordem estabelecida;

g) Kelsen nega a ideia do Estado total de Carl Schmitt e defende o judiciário como o defensor da constituição que, como tal, deve atuar de forma negativa determinando a invalidação das normas ofensivas aos termos da constituição.

7

O PENSAMENTO POLÍTICO DE HANS KELSEN

1. Palavras iniciais

Sabe-se que o ano de 1942 foi importante para Kelsen: após escapar da ascensão nazista que o perseguiu dada sua origem judaica, e depois de ter proferido palestras na Universidade de Harvard em 1941, consegue, enfim, na Universidade da Califórnia, em Berkeley, fixar-se como docente, iniciando seu período estadunidense. O departamento com o qual se manteve vinculado foi o de Ciência Política. Nele, empreendeu inúmeros cursos, dentre os quais muitos de direito internacional, teoria do Estado e política.

Entretanto, seus estudos sobre esses temas não têm, propriamente, início naquela década. De fato, grande parte dos escritos políticos data da década de 20. Alguns deles, inclusive, resultam de posicionamentos e reflexões defendidas quando da elaboração da Constituição austríaca.

O objetivo deste capítulo é oferecer algumas informações sobre o pensamento político de Kelsen. Como o campo é consideravelmente extenso, manterei o foco na temática da democracia como a "chave" que possibilita relacionar a análise jurídica e a teoria política de Kelsen. Dessa forma, temas importantes como a clássica contraposição entre liberdade positiva e negativa, princípio da maioria, disputa de valores, e demais aspectos constitucionais serão tratados apenas no quanto servirem para cumprir o prometido.

Assim, no item (2), a democracia é abordada em seu aspecto procedimental. Com isso, no item (3), será dada ênfase ao aspecto formal deste processo técnico de decisão. Isso será o suficiente para, no item (4), centrar a atenção no povo como ator de destaque do modelo. Nos itens (5) e (6) particularidades do tema encontrarão desenvolvimento de modo a complementar os pontos precedentes. Ao fim, reservo espaço para breve síntese conclusiva.

2. O direito e o tratamento dos valores

Stanley Paulson divide as preocupações de teoria política de Kelsen em quatro linhas: primeiro, a teoria da democracia; segundo, as instituições jurídicas e políticas fundamentais (incluindo reforma eleitoral, parlamentarismo, federalismo, e controle da constitucionalidade); terceiro, a crítica a toda ideologia, direcionada em particular para as teorias da justiça e do direito natural; quarto e último, mas não menos importante, a crítica ao austro-marxismo, em particular.[1]

De tudo isto, gostaria de me deter um pouco sobre o tema da democracia na obra de Kelsen e, ainda assim, dada a sua amplitude, sob um específico aspecto: a relação entre a ideia de liberdade política e o arranjo procedimental democrático. Esta a justificativa: em clara conexão com sua metodologia jurídica, Kelsen elabora uma teoria da democracia que, a um só tempo, fornece continuidade à sua tarefa descritiva das normas e serve de parâmetro explicativo para o tratamento dos valores.

Aliás, esta peculiaridade da obra de Kelsen é de suma importância, pois toca o problema do processo de legitimação da ordem jurídica. Ademais, permite visualizar a posição teórica e político-liberal de Kelsen, bem como a lógica das imputações assentada em uma democracia de procedimentos e de racionalização dos valores em conflito.

Neste sentido, a configuração da relação entre o jurídico-normativo e o político-normativo passa a ser o centro de preocupação do próximo item.

3. Democracia e heteronomia

Para Kelsen, "politicamente livre é quem está sujeito a uma ordem jurídica de cuja criação participa".[2] Esta afirmação conclui sua crítica à concepção descritivo-numérica que desde o período da Antiguidade vem sendo explicada do seguinte modo: diz-se que a constituição ou o governo é monárquico quando o poder soberano de uma comunidade pertence a um; quando pertence a vários, diz-se ser republicana. Uma república ou é uma aristocracia ou uma democracia, dependendo de o poder soberano pertencer a uma minoria ou a uma maioria do povo.[3]

Tudo isso é insuficiente para Kelsen; se o poder do Estado é a validade e a eficácia da ordem jurídica, relevante é o modo como a constituição regulamenta a criação da ordem jurídica. Vale dizer, a questão fundamental é se há uma demo-

1. S. L. Paulson (1990), p. 81-82.
2. H. Kelsen (1945), p. 405.
3. H. Kelsen (1945), p. 405.

cracia ou uma autocracia, se há participação dos cidadãos na formulação normativa ou exclusão.[4]

Portanto, para Kelsen, a determinação de um regime democrático e de um regime autocrático não se resolve afirmando que são métodos para organizar apenas a forma de Estado, pois também são manifestações de convicções filosóficas acerca do mundo e de sua realidade: se se vê o outro como um "idêntico" agente político ou não; porque a democracia implica a igualdade na liberdade política.[5] Assim, a única opção que possibilita uma teoria satisfatória é a democracia, pois a forma autocrática de governo não é nada mais que um protótipo de deificação do Estado, a projeção de nossas inseguranças numa imagem de Pai, numa metafísica quase irresistível ao homem.

Somadas as considerações já levadas a efeito neste trabalho,[6] pode-se dizer que, para Kelsen, o projeto de uma fundação racional da política, que é a origem das prescrições normativas, apenas pode ser alcançado através da referência do relativismo dos valores; isto, mediante total afastamento dos pressupostos metafísicos.

Kelsen, assim, passa a se ocupar da liberdade política de um homem senhor da natureza; de alguém que a explica e dela se separa como dono de seu futuro.

A esse respeito, a teoria de Kelsen mantém um referente ético, mesmo seja ele consagrado para assentar seu formalismo. "Tolerância" e "igualdade" são seus pontos elementares porque sem aceitar o outro em suas ideias e divergências, bem como tê-lo como um igual nas decisões coletivas, se inviabiliza o processo deliberativo de determinação das regras de convivência.

Com efeito, as vontades individuais são neutralizadas no contexto das aspirações de elaboração das prescrições que, nos termos da ordem jurídica, reduzem-se a um "poder normativo", o exercício de uma "atribuição de competência".

Entretanto, é impensável um homem livre e igual nessas condições, sem limites ou sem controle. Qual a solução? Conceber ambos os termos de um outro modo, identificando a liberdade com certo sentido de lei, e a igualdade com certa posição diante dela.[7]

> "Desde o ponto de vista da classificação dos conhecimentos, para que a sociedade seja possível como um sistema separado da natureza, há que existir junto das leis naturais, outra lei específica de caráter social." (H. Kelsen. EVD, p. 18.)

Dessa forma, para conservar a liberdade numa organização social, deve-se substituir a abstração da liberdade natural pela liberdade social, *i.e.*, certa con-

4. H. Kelsen (1945), p. 406.
5. H. Kelsen (1948), p. 350-353.
6. Ver Capítulo 3, "Kelsen, a Liberdade e a Ordem".
7. H. Kelsen (1926), p. 20-21.

cepção de "liberdade transformada", a "liberdade política", ou seja, uma liberdade em "coletividade".

Em termos pontuais, pode-se dizer que a liberdade como autonomia reproduz a célebre e dicotômica distinção kantiana entre autonomia e heteronomia. Entre a lei com a qual quem a põe e quem a recebe são a mesma pessoa (autonomia) e a lei com a qual quem a põe é uma pessoa diversa de quem a recebe (heteronomia). Assim, enquanto a liberdade (ideal) expressa uma oposição às vontades estranhas, a igualdade (ideal) concretiza a situação de nenhum homem poder dominar o outro.

Como as normas são postas pelo Estado, para Kelsen apenas em um Estado livre o indivíduo é livre, e tão-somente onde há esta liberdade há democracia. Portanto, o critério decisivo para a definição da democracia revela-se na relação entre sujeito e a sua participação na criação das normas jurídicas postas pelo Estado.

É exatamente sobre isso que se ocupa Kelsen no estudo "Essência e Valor da Democracia", ano de 1929. Nele, Kelsen reforça não apenas a noção da necessidade da presença do Estado para a existência da sociedade,[8] mas também que "a liberdade da anarquia deve ser transformada na liberdade da democracia".[9]

Qual o ponto?

Em virtude de haver a necessidade de sermos governados, a questão que põe Kelsen é como podemos ser governados por nós mesmos.[10] Ou seja, como se estabelece uma "vontade objetiva de ordem" dos sujeitos. Porque a passagem da situação da liberdade individual para a liberdade social deve ser regida por um critério que resolva a restrição da primeira frente à segunda sem destruí-la. Kelsen, assim, afirma a necessidade de se fazer uma opção racional para uma existência social possível.[11] Isso significa que a passagem da liberdade individual para a liberdade coletiva implica um aspecto que lhe é muito caro: a fixação da vontade que deverá prevalecer.[12]

Ciente da impossibilidade de uma concordância total entre a liberdade dos indivíduos, encontrará Kelsen na deliberação da maioria a resposta para a necessária objetivação das vontades plurais.[13] É exatamente esta "metamorfose da ideia de liberdade"[14] que conduzirá à realidade da democracia. Entretanto, esta realidade objetiva requer mais amplo esclarecimento sobre aqueles que compõem a vontade majoritária, a compreensão do "povo em sua unidade".

8. H. Kelsen (1920), p. 28.
9. H. Kelsen (1920), p. 29.
10. Pense-se aqui, como ilustração, ao menos em Rousseau e em seu *Contrato Social*, Livro I, Capítulo I, embora se deva assinalar que o objetivo rousseauniano é o de retomar a liberdade de um "estado de natureza", coisa impensável para Kelsen.
11. G. Gavazzi (1981), p. 351.
12. H. Kelsen (1920), p. 31.
13. H. Kelsen (1920), p. 30.
14. H. Kelsen (1945), p. 407.

4. Democracia como procedimento

"Povo" é nome que se dá àqueles que são os sujeitos do poder numa democracia, afirma Kelsen.[15] Isto é, a democracia caracteriza uma forma de Estado ou de sociedade cuja vontade coletiva resulta de sujeitos com poder jurídico (agentes competentes juridicamente) e que recebem o nome de povo. Portanto, "povo" é vocábulo que exprime uma unidade e como unidade deve ser entendido.[16]

Mas que tipo de unidade?

Unidade "normativa" e não de "vontades pessoais", entende Kelsen.[17] E apenas pode ser uma unidade normativa; isto porque, imaginar uma unidade de pensamentos, sentimentos e vontades ou mesmo como solidariedade de interesses é o mesmo que retornar à concepção primitiva e fantasiosa, um salto contra a razão, contra a única saída admissível: ser a democracia processo de racionalização das ações singulares diferentes que possibilita uma unidade fundada na divisão do trabalho, *i.e.*, na subordinação do homem a uma ordem humanamente formada a partir de sua inclusão na equação da diversidade de valores e, não, negando-a, como se houvesse harmonia e unanimidade nos arbítrios.

Enfim, é preciso racionalizar metodologicamente as emoções, os ímpetos, os desejos. Isto o que pontua Kelsen em um estudo de 1933, *Formas de Governo e Concepções de Mundo*: "(...) em sua essência mais profunda o homem não é racional em suas ações, muito menos lógico...".[18]

Recuperando o binômio "autonomia *vs.* heteronomia", Kelsen conclui que crer na vontade unânime como solução para as decisões coletivas é algo difícil dada a sua instabilidade. Porque, por hipótese, acaso ocorresse a situação de unanimidade (pura autonomia), bastaria um único sujeito mudar de opinião para ela deixar de existir; e, entende Kelsen, esta atitude em nada é estranha ao ser humano.[19]

Portanto, este é o objetivo da democracia para Kelsen: do maior grau de liberdade, que é o da liberdade anárquica, passar para o menor grau possível de não-liberdade, a sujeição às decisões majoritárias através de uma técnica de racionalização das diferenças; porque, democracia, requer "discussão", "compromisso", não "diktat".[20]

> "A racionalidade da democracia surge particularmente clara na sua tendência de construir o ordenamento estatal como um sistema de normas gerais, frequentemente escritas, consignadas em precisas estatuições mediante as quais vêm determinadas amplamente, possibilitando a calculabilidade dos atos individuais de jurisdição e de administração. A democracia tende a evidenciar a

15. H. Kelsen (1920), p. 36-37.
16. H. Kelsen (1920), p. 36.
17. H. Kelsen (1920), p. 36-37.
18. H. Kelsen (1933), p. 42.
19. H. Kelsen (1933), p. 42.
20. H. Kelsen (1920), p. 67-69; *Idem* (1933), p. 46-47.

> importância das funções estatais com respeito à legislação, a fazer surgir um Estado de leis. O ideal da legalidade é decisivo para os atos estatais e individuais, pois com ele – na sua legitimidade – esses atos encontram justificação racional." (H. Kelsen. CM, p. 48.)

Com efeito, a "unidade do povo" será somente uma realidade jurídica se for uma "unidade normativa", uma unidade promovida pela razão. Daí que "povo" não se iguala a um conglomerado humano, mas a um conjunto de atos individuais regidos pela ordenação jurídica do Estado.[21] Assim, o que fundamentalmente distancia o "povo-massa", essa simples ficção, e o "povo-função", essa realidade substancial da democracia, é a capacidade deste último influir na elaboração das normas.

Todavia, como, segundo Giovanni Sartori,[22] nem em uma "democracia radical" se admite pensar que todos os do povo possuem direitos políticos, Kelsen admitirá ser comum existirem limites ou restrições a esse poder jurídico, tais como: idade, capacidade mental, moral etc.

> "Com a redução da liberdade natural a uma autonomia política por decisão majoritária e da noção ideal de povo ao número ainda mais restrito de titulares dos direitos políticos que se valem desses seus direitos não assinala ainda o termo das limitações que a ideia democrática deve sofrer na realidade social. De fato, apenas na democracia direta (que dadas as dimensões do Estado moderno e a multiplicidade dos seus deveres, não representa mais uma forma possível de democracia) a ordem social é realmente criada pela decisão da maioria dos titulares dos direitos políticos, que exercem seu direito na assembléia do povo. A democracia do estado moderno é a democracia indireta, parlamentar, em que a vontade geral diretiva só é formada por uma maioria de eleitos pela maioria dos titulares dos direitos políticos." (H. Kelsen. EVD, p. 43.)

Em poucas palavras, aspecto decisivo para a definição de democracia é o da relação dos "sujeitos" com a "criação das normas" pelo Estado.[23] A este respeito, ainda algumas notas vêm a propósito.

Em primeiro lugar, deve-se observar que Kelsen forja oposição entre, por um lado, a formação artificial e racional das decisões juridicamente constituídas e conformadas normativamente, e, por outro, a formação de regras constituídas apenas psicologicamente. Portanto, surge aqui uma oposição entre, por um lado, o racional e o objetivo; e, por outro, entre o irracional e o fantasioso.

Em segundo lugar, se da democracia resulta a forma que menos contradiz a razão, quê fazer com o embate entre a vontade coletiva e a vontade particular dos indivíduos?

Aqui, o problema reside, para Kelsen, especificamente no "como" ou "de que modo" são constituídas as formas de dominação, isto é, nas relações entre quem

21. H. Kelsen (1920), p. 36.
22. G. Sartori (1997), p. 141-142.
23. H. Kelsen (1911), p. 519 e ss.

obedece e quem comanda. No específico, pode-se dizer ser esta a sua resposta: numa democracia é o maior número de participantes possível que irá dimensionar este seu *status* de forma jurídico-democrática. Ou seja, a democracia de Kelsen é eminentemente procedimental e relativista quanto aos valores, pois o maior número possível de participantes na formação da vontade coletiva é que fornece sua dimensão, resguardada a proteção das minorias.

> "O princípio de que os juízos de valor possuem apenas validade relativa, um dos princípios fundamentais do relativismo filosófico, pressupõe que juízos de valor antagônicos não são lógica ou moralmente impossíveis. Um dos princípios fundamentais da democracia é o fato de que cada um deve respeitar a opinião política dos demais, uma vez que todos são iguais e livres. A tolerância, os direitos das minorias, a liberdade de expressão e a liberdade de pensamento, tão característicos da democracia, não têm lugar num sistema político baseado na crença em valores absolutos. Esta crença invariavelmente conduz – e sempre conduziu – a uma situação em que aquele que afirma possuir o segredo do bem absoluto arroga-se o direito de impor sua opinião e sua vontade aos outros, que estão enganados (...). Este o verdadeiro significado do sistema político que chamamos de democracia, e que podemos opor ao absolutismo político apenas por ser um relativismo político." (H. Kelsen, ARFP, p. 354-355.)

Deste modo, sem surpresas, defende o desenvolvimento de técnicas como a técnica do referendo e a da iniciativa popular legislativa.[24]

Ademais, o princípio da maioria não é, de modo algum, idêntico ao domínio absoluto da maioria, à ditadura da maioria sobre a minoria. A maioria pressupõe, pela própria definição, a existência de uma minoria; e, desse modo, o direito da maioria equivale ao direito de existência da minoria. O princípio de maioria em uma democracia é observado apenas se todos os cidadãos tiverem permissão para participar da criação da ordem jurídica, embora o seu conteúdo seja determinado pela vontade da maioria. Não é democrático, por ser contrário ao princípio da maioria, excluir qualquer minoria da criação da ordem jurídica, mesmo se a exclusão for decidida pela própria maioria.

> "Se a minoria não for eliminada do procedimento no qual é criada a ordem social, sempre existe uma possibilidade de que a minoria influencie a vontade da maioria. Assim, é possível impedir, até certo ponto, que o conteúdo da ordem social venha a estar em oposição absoluta aos interesses da minoria. Esse é o elemento característico da democracia." (H. Kelsen. TGDE, p. 411.)

Em terceiro lugar, ao menos quatro pontos estão a explicar a postura de Kelsen com respeito à necessária unidade da vontade do povo e à afirmação de, com isso, compor-se a objetividade necessária para a forma democrática.[25]

24. H. Kelsen (1920), p. 13 e ss.
25. Ver Capítulo 1, "Teoria Pura do Direito".

O primeiro ponto concerne à busca que faz da caracterização da democracia. É que o positivismo implica refutação de toda metafísica.

O segundo ponto, que, aliás, mantém vínculos com o primeiro, diz respeito ao aspecto do relativismo diante dos valores. Os valores importam em irracionalidade (numa mudança irracional constante) com o que é impossível apreender objetivamente seu significado. Evitando a confusão de um "exame científico" e dos "julgamentos de valor", aceita Kelsen a fórmula "Wertfreiheit" de Weber (uma liberdade analítica diante dos valores).

E se a primeira ideia aqui lançada implicou a segunda, esta segunda auxilia na compreensão da terceira.

Como terceiro ponto, está preservado o dualismo entre "ser" e "dever" que Kelsen largamente faz uso em suas obras. Porque Kelsen, em nenhum momento, esteve preocupado em descrever o que é ("ser"), mas sim preocupado com os julgamentos de dever normativo ("dever") tendo em vista que procura entender como o homem engajado deve se portar para haver democracia.

Com isto, sua preocupação não é a de entender como habitualmente a democracia é tratada nos manuais ou como é utilizada na linguagem comum. Ele procura determinar o objeto da democracia ou como ela deve ser concebida. E a democracia, em síntese, é técnica de produção de normas.

O quarto e último ponto a ser posto em destaque é o seguinte: se Kelsen analisa o problema da democracia no interior da problemática do método de criação normativa, tal posição pode ser analisada, perfeitamente, sob o viés do "sistema dinâmico", ou seja, nos termos da atribuição de um poder a uma autoridade legisladora ou de uma regra que determina como devem ser as normas criadas. Consequentemente, Kelsen chega à forma que se opõe à democracia: a forma autocrática de governar, com o que é dualista com respeito às formas de governo.

5. Autocracia como dominação ideológica

É neste plano de considerações que Kelsen entende que "autocracia" é sinônimo de dominação ideológica. É por isso que um escrito de 1913, *Concepção Política do Mundo e Educação*, possui tanta importância.

Conforme acentua Kelsen no trabalho referido, quem comanda autocraticamente governa sozinho, é absoluto em suas posições e tutela a sociedade.[26] Por este motivo, a autocracia não tolera oposição, ela simplesmente impõe. É modo concentracionário de governar dado que não consiste em gestão coletiva, mas sim pessoal.

Kelsen lamenta, dessa forma, o fato de constatar a surpreendente evolução da cultura técnica em relação a uma perigosa posição de atraso no desenvolvimento da

26. H. Kelsen (1913), p. 47.

cultura política.[27] Porque para a formação de valores como a tolerância, a secular ambição política sem medidas deve criticamente ser refletida num compromisso cada vez maior com uma educação política e para a política a partir da qual o individualismo ceda ao coletivo.[28]

Com efeito, em uma autocracia, os mínimos movimentos do aparato estatal são identificáveis com o detentor do poder; ele, aliás, cria quantas exceções considera convenientes aos seus interesses, tendo em vista o seu poder ilimitado. E se a democracia tem como característica a publicidade dos atos, na autocracia a característica é a ocultação. E, se quisermos seguir um tanto mais além nas considerações de Kelsen, a postura do Estado numa "autocracia" frente à esfera internacional apenas poderá ser imperialista, contrapondo-se à do Estado "democrático", cujo ideal é pacifista.

Portanto, na conversão do estado de liberdade natural para o estado de liberdade política, "autocrático" será o governo que excluir a coletividade como ente de decisão, concentrando o poder e a vontade coletiva na esfera absoluta de um dirigente; e "democrático" será o governo que, de um modo crítico-racionalista mantiver certa postura anti-ideológica – ou, ao menos, pouco favorável a ideologias autocráticas – porque racionalmente estruturado numa concepção objetiva da vontade real do povo feito maioria no parlamento.

6. Mais três acréscimos

De modo complementar, algo ainda pode ser acrescentado ao que foi dito até agora, com o objetivo de se afastar o excesso de simplificação do quanto foi exposto.

Foi visto que a teoria da democracia de Kelsen é essencialmente procedimental. E, nestes termos, o teor político da legitimidade das normas encontra sentido e se reduz às regras que estatuem o aumento de participação na elaboração da normatividade, minimizando o impacto de sua heteronomia.

Embora Kelsen tenha se preocupado propriamente com o caráter jurídico-político da democracia, duas instâncias o auxiliaram nesta delimitação: a) uma, de natureza filosófica; outra, de índole b) sociológica.

Com respeito ao ponto, foi visto que Kelsen identifica, nos regimes autocráticos, forte influência ideológica, demais da presença de resquício do pensamento "primitivo".[29] Por esta razão, em dado momento inclui em suas considerações a educação, o que rapidamente mereceu aqui referência quando foi trazido o ensaio "Concepção Política do Mundo e Educação". Há, todavia, outro ensaio particularmente relevante.

27. H. Kelsen (1913), p. 47.
28. H. Kelsen (1913), p. 58-59.
29. Veja, Capítulo 3, "Kelsen, a Liberdade e a Ordem".

Em 1926, portanto, três anos antes de "Essência e Valor da Democracia", Kelsen publica o ensaio *Sociologia da Democracia* com a clara finalidade de enfatizar que "a realidade social não é outra coisa que domínio e comando" e que o problema é o de "como se resolve essa questão".[30]

Assim, a realidade da democracia é uma realidade de método, de organização, de técnica, que, enfim, torna possível compreender o complexo das normas estatais através do conhecimento objetivo e seguro dos procedimentos, pois, na democracia, todos se encontram no mesmo patamar de igualdade política.

Portanto, os procedimentos de decisão democrática permitem que se vença a irracionalidade da luta de valores, direcionando-a através de regras que viabilizam a tomada de decisões. Daí que a gestão do governo, numa democracia, é temporalmente restrita.

Diz Kelsen:

> "(...) na democracia a eleição dos chefes encontra-se no centro das considerações racionais, o comando não representa um valor absoluto, mas somente um valor relativo, o chefe vale somente por um certo tempo e somente em certas direções como tal, sendo, no mais, um igual a todos os demais, e sujeito a críticas."[31]

Em síntese, a substancial distinção entre "democracia" e "autocracia" encontra-se, justamente, na exigência de separação técnica entre eleitores e eleitos para que não se permita que o governante rompa com as regras da própria democracia, mantendo-se, irrestritamente, no poder.

7. Conclusões

a) Para Kelsen a democracia é uma técnica de governo, uma maneira de se dimensionar e gerir normativamente liberdades;

b) As palavras fortes de Kelsen a este respeito são "funcionamento", "operacionalidade" e "decisão coletiva objetiva" diante de uma percepção de um "Eu" relativo, que percebe existencialmente o "outro", o "Tu" em suas potencialidades como um ser que também possui opiniões;

c) A democracia constitui instrumento contra a agressiva aspiração pelo poder, porque o regula;

d) Na democracia o que mais importa é a certeza do direito, a legitimidade e a calculabilidade das funções estatais que são criadas e controladas pelas leis, de modo que a "burocratização" igualmente mantém a democracia;

30. H. Kelsen (1926), p. 33-34.
31. H. Kelsen (1926), p. 36.

e) A democracia é meio e forma para se encontrar soluções para a convivência humana e ensinar aos pósteros a relevância de se saber lidar com as diferenças, um método de gestão da vida social;

f) É através da democracia que a irracionalidade dos valores se vê regulada e direcionada com vistas a se viabilizar decisões políticas; isso, sem ceder às mistificações absolutizantes, pois é forma de emancipação do homem da natureza;

g) Kelsen assenta uma série de observações para firmar um entendimento da realidade democrática que, em última análise, é, no seu entendimento, um método, uma técnica: certa compreensão de "povo reduzido" aos direitos políticos; um princípio de "racionalização das decisões" que é o princípio majoritário; a proteção das minorias; a limitação temporal dos mandatos.

8

CHOQUE DE MUNDOS: CARL SCHMITT CONTRA KELSEN

1. Palavras iniciais

O objetivo deste capítulo é apresentar um dos principais contrapontos a Kelsen. Trago a visão de Schmitt a respeito das elaborações de Kelsen sobre o direito, o Estado e a política.

Com este intento, no item 2, ofereço um esboço da gênese teórica de Schmitt; no item 3, as razões pelas quais Schmitt condena toda e qualquer neutralização quando se pensa em Estado e em ordem normativa; no item 4, estas noções são aprofundadas sob a polarização amigo-inimigo; nos itens 5 (punição e recompensa), 6 (partner, hostis, inimicus) e 7 (a cegueira) a referida polarização é conduzida as suas razões últimas. No item 8, ponho Schmitt diante de Kelsen com um pouco mais de ênfase. Por fim, item 9, termino com algumas conclusões.

Como poderá ser notado pelo meu leitor, há aqui um verdadeiro choque de mundos.

2. O paraíso perdido de Schmitt

Não se ignora que para as teorias contratuais de duro pessimismo a compreensão básica é a de que existe um "estado de natureza", uma situação anterior à sociedade civil segundo a qual todos se encontram entregues aos seus próprios impulsos de ferir. Com isso, o ponto fundacional do Estado, por um lado, e a necessidade de sua força para manter a ordem social, por outro, tornam-se argumentos da razão: os homens precisam do Estado para que possam coexistir.

Mas quando está em questão a obediência do súdito, não é sempre que se recorre unicamente à razão porque a obediência às vezes é condicionada ao ideal de as normas serem justas. Santo Tomas de Aquino é exemplo expressivo desta cisão:

> "A lei humana tem natureza de lei, na medida em que é conforme a reta razão; e assim é manifesto, que deriva da lei eterna. Mas, na medida em que se afasta da razão, é considerada iníqua; e então, não tem natureza de lei, mas antes, de violência." (T. Aquino, ST, questão XCIII – art. III)

Contudo, caso se deixe de lado o apelo individual da inaplicação da norma injusta e se passe para a consideração de todo um conjunto normativo rejeitado, o aspecto da aplicação ou da inaplicação deixa de ser apenas uma questão de moralidade ou imoralidade de específico comando normativo para se destacar como problema do ordenamento jurídico como um todo. Por outras palavras, se se amplia a contestação passando-se de uma específica norma e caso para todas as normas e casos, tal negação deixa de ser uma questão individual para ser uma questão afeta à totalidade dos indivíduos e à totalidade da própria ordem jurídica estabelecida. Aliás, esta situação de oposições não é estranha aos argumentos teológicos: negar o apoio de Deus àquele que governa é negar-lhe o próprio governo.

Quanto a isso, Robert Filmer chega ao extremo da contingência: o modo como o rei obteve a coroa não é, em si, fato importante porque se possui a coroa isto significa que foi agraciado pela vontade divina, de sorte que ao monarca deve-se respeito. E se é assim, agir contra o rei é pecado, embora na situação de ter sido deposto deve-se entender que os desígnios de Deus foram mudados para o novo monarca.[32] Não é em diverso contexto que o "sujeitai-vos a toda instituição humana por causa do Senhor, seja ao rei, como soberano, seja aos governadores, como enviados seus...",[33] que segue da voz de Pedro, consiste em exemplo significativo do fundamento "teológico" da obediência. Aliás, aqui, também pode ser citada a *Epístola aos Romanos*: "Todo homem se submeta às autoridades constituídas, pois não há autoridade que não venha de Deus, e as que existem foram estabelecidas por Deus...".[34] Em suma, a própria obediência ao comando das autoridades constituídas pode servir de distinção entre o bem e o mal, entre a respeitabilidade da ordem normativa e o desprezo.

Em contraste, Hobbes destaca-se fortemente: em sua teoria não há Deus na sintaxe da obediência, mas o medo, a razão humana e o contrato. Nada é escondido ou mesmo camuflado. Não se deve obedecer ao monarca porque nele se crê atender a Deus ou porque suas determinações são abençoadas, mas porque a razão indica que é apenas com o soberano, o protetor licenciado pela convenção, que os homens conseguirão escapar da "guerra de todos contra todos": através da unilateral alie-

32. Filmer (1996), p. 11-12.
33. *A bíblia de Jerusalém*, Pedro, 2.
34. *A bíblia de Jerusalém*, Epístola aos Romanos, 13.

nação dos direitos (exceto o direito a *conservatio vitae*) procura-se a paz no caráter absoluto do comando.[35]

Com efeito, para Hobbes, antes do Estado a questão da justiça ou injustiça não se põe, muito menos a ideia de pecado. Antes do soberano há apenas o império do instinto agressivo dos homens, de modo que, ao fixar sua fórmula, Hobbes não deixa de atribuir o caráter de utópica a "politicidade" inerente à natureza humana dos antigos,[36] pois diante do instinto a "politicidade" é secundária.

Assim, da "a-politicidade" dos indivíduos "a-sociais" vai-se até a alienação que constitui a soberania do soberano: um acordo põe fim às querelas das frações constituindo-o como garante da sociedade civil que com ele se instaura. Mas um acordo que encontra no medo a "efetuação da origem comunitária", um motivador da "sensibilização integrativa" do ato de alienação unilateral em benefício da segurança de todos. E eis o que aqui realmente importa: a sintomatologia da natureza humana em seu salto para a civilidade ordenadora encontra na concepção antropológico-teológica de Schmitt um campo de muitos matizes. Aqui a reflexão de sua clausura, em *"Ex Captivitade Salus"*, de 1947:

> "O meu irmão...O outro é meu irmão. O outro se revela meu irmão, e o irmão meu inimigo. Adão e Eva tiveram dois filhos, Caim e Abel. Assim começa a história da Humanidade. Este aspecto é o pai de todas as coisas. Esta tensão dialética que mantém em movimento a história do mundo, e a história do mundo ainda não terminou" (Schmitt, ECS, p. 92).

Que se atente para o acontecimento bíblico-genesíaco invocado por Schmitt: concluída a Sua obra, no "shabbat" Deus descansou. Mas não havia no tempo em que Yaweh Deus fez a terra e o céu nenhum arbusto e nenhuma erva nos campos porque não havia ainda feito chover e inexistia o homem para cultivar o solo. Mas do manancial que subia a terra modelou o homem da argila formada e insuflou em suas narinas um hálito de vida. Para o novo ser vivente, plantou Yaweh Deus um jardim em Éden e nele colocou o homem que modelara. E Yaweh Deus deu ao homem este mandamento: "Podes comer de todas as árvores do jardim. Contudo, da árvore do conhecimento do bem e do mal não comerás, porque no dia em que dela comeres terás que morrer".[37] Mas o homem estava só e disse Yaweh Deus: "Não é bom que o homem esteja só. Vou fazer uma auxiliar que lhe corresponda".[38] Do solo, modelou assim todas as feras e aves do céu, mas não encontrou auxiliar que lhe correspondesse. Por isso, fez cair em torpor o homem, e enquanto dormia retirou-lhe uma de suas costelas com a qual determinou que crescesse carne em seu lugar. Trouxe-a ao homem a mulher, e eles andavam nus. Mas Eva, seduzida pelo artifício da serpente, se alimenta da árvore proibida e faz com que o homem

35. Marramao (2000), p. 301.
36. Rancière (1996), p. 83.
37. *A bíblia de Jerusalém*, Gênesis, 2-3.
38. *A bíblia de Jerusalém*, Gênesis, 2-3.

ingira do fruto. Yaweh Deus descobre, pois homem e mulher se envergonham da nudez que passam a perceber. Antes de expulsá-los do Paraíso disse Yaweh Deus à serpente:

> "Porque fizeste isso és maldita entre todos os animais domésticos e todas as feras selvagens. Caminharás sobre teu ventre e comerás poeira todos os dias de tua vida. Porei hostilidade entre ti e a mulher, entre tua linhagem e a linhagem dela. Ela te esmagará a cabeça e tu lhe ferirás o calcanhar."[39]

À mulher Ele disse:

"Multiplicarei as dores de tuas gravidezes, na dor darás à luz filhos. Teu desejo te impelirá ao teu marido e ele te dominará."

Ao homem Ele disse:

> "Porque escutaste a voz de tua mulher e comeste da árvore que eu te proibira comer, maldito é o solo por causa de ti! Com sofrimentos dele te nutrirá todos os dias de tua vida. Ele produzirá para ti espinhos e cardos, e comerás a erva dos campos. Com o suor do teu rosto comerás teu pão até que retornes ao solo, pois dele foste tirado. Pois tu és pó e ao pó tornarás."[40]

Saído do jardim, o homem conhece a mulher e geram Caim e Abel. Abel torna-se pastor de ovelhas enquanto Caim cultivava o solo. Caim e Abel fazem oferendas a Yaweh. E Yaweh agradou-se de Abel e de sua oferenda, mas não as de Caim, ao menos Caim assim o pensa. Diante da predileção de Yaweh, Caim tira a vida de Abel. Yaweh disse a Caim:

> "Que fizeste! Ouço o sangue de teu irmão, do solo, chamar por mim! Agora, és maldito e expulso do solo que abriu a boca para receber de tua mão o sangue de teu irmão. Ainda que cultives o solo, ele não te dará mais seu produto: serás um fugitivo errante sobre a terra."[41]

Punido por Deus, Caim tem filhos... como descendentes seus, apenas multiplicam a violência.

Com isso, a visão operativo-laica de Hobbes não dispensa o soberano, agente forte o suficiente para conter o desejo de ferir. A visão teológica de Schmitt também: em que pese a idealidade de no paraíso todos viverem em harmonia, é do homem expulso que as gerações violentas nascem. Assim, Hobbes e Schmitt se aproximam teoricamente e convergem quanto às implicações, em que pese o distanciamento do regresso de seus arquétipos: o *factum brutum* é o mesmo. A "guerra de todos contra todos" e "a violência crescente dos filhos do irmão que é inimigo" mantém essa beleza simbólico-conceitual: o símbolo retórico não faz perder a verossimilhança das hipóteses factuais. A maldade está presente nos atos humanos e a simbologia não põe tudo a perder, antes reforça o caráter operativo da solução.

39. *A bíblia de Jerusalém*, Gênesis, 3.
40. *A bíblia de Jerusalém*, Gênesis, 4.
41. *A bíblia de Jerusalém*, Gênesis, 4.

Nesse sentido, Schmitt não apenas apoia Hobbes, mas se "irmana" a ele. Aliás, isso já podia ser percebido em 1928 quando publica *O Conceito do Político*, antes mesmo dos seus *Escritos sobre Thomas Hobbes*, que data de 1932.

3. Schmitt em busca da quadratura do político

O que se deve perceber é que Schmitt ao invocar a passagem bíblica está a procurar um início para sua quadratura do político, mesmo que a genealogia promovida remeta a um dado da fé. De fato, há muito mais por detrás de seu articulado. De todo modo, do que está por vir depende da compreensão do que Schmitt vê e não aprova: a era da despolitização e a gestação de teorias políticas inautênticas.

Segundo Schmitt, em trabalho que intitulou *A Época das Neutralizações e das Despolitizações*[42] perfis particularmente nítidos destas mudanças podem ser encontrados no processo histórico da transmutação da teologia do século XVI para a metafísica do século XVII, época marcadamente do racionalismo ocidental. Todos os assombrosos conhecimentos matemáticos, astronômicos e da ciência natural encontravam-se envolvidos e integrados por um grandioso sistema metafísico ou natural.[43]

Observando-se o século XVIII, diz Schmitt, este deixa de lado a metafísica com o auxílio das construções da filosofia e do iluminismo, da humanização e da racionalização do século XVII. Assim, segundo Schmitt, o século XIX constitui uma mistura entre os pares estético-romântico e econômico-técnico. Encontra-se ao seu fim o industrialismo que nada mais é que a união entre o técnico e o econômico. A nota característica do período é a construção da história e da sociedade do sistema marxista que considera o econômico como base e a superestrutura como o fundamento de toda vida espiritual.[44]

Finalmente, chega-se ao século XX. Neste século, ergue-se uma nova crença: a técnica e a pretensão de que tudo se soluciona tecnicamente. Desse modo, entende Schmitt, esta última fase não passa de consequência das antecedentes. Aliás, cada época, de acordo com sua específica caracterização, igualmente terá específicas satisfações de civilização. Para uma época moral-humanitária trata-se apenas de formar os homens do ponto de vista moral e todos os problemas acabam sendo problemas da educação; para a época econômica basta resolver os problemas da produção e da distribuição dos bens e os problemas sociais não apresentarão dificuldades; para o pensamento puramente técnico – como igualmente para o econômico – todas as questões são solucionadas com o progresso técnico.[45]

Do quanto foi dito, parte que merece destaque diz respeito ao fenômeno da neutralização técnica iniciado no século XIX que, no entendimento de Schmitt,

42. Schmitt (1972b), p. 162.
43. Schmitt (1972b), p. 170.
44. Schmitt (1972b), p.171.
45. Schmitt (1972b), p. 175.

promoveu uma tendência espiritual de neutralismo político que vem se intensificando de lá para cá. A era da técnica porta o ideal de paz, de compreensão e de reconciliação. E é esta fé pacifista e tecnicista que explica a pretensão de neutralização política. Pretensão esta que não se realiza, pois, conforme Schmitt, as técnicas podem auxiliar as guerras ao invés de evitá-las com suas crenças de neutralidade.

Desse modo, não é de se estranhar que para Carl Schmitt existam apenas duas expressões de teoria política: as autênticas e as inautênticas. "Teorias autênticas" foram as de Maquiavel, Hobbes, Bossuet, De Maistre, Donoso Cortes, Fichte e Hegel. "Inautênticas" as de Morus e seus seguidores. Porque este é o critério: a autenticidade e a inautenticidade são traduzidas na pressuposição antropológica, se o homem é bom ou não "por natureza".[46] A questão que se põe é se se toma o homem em si como pressuposto problemático, ou não problemático, perigoso ou inócuo, se constitui ou não um perigo ou ameaça aos demais, ou mesmo se é inofensivo.[47]

Além disso, dependendo da pressuposição antropológica assumida pelas diversas teorias, entende Schmitt que elas podem ser alocadas como teorias autoritárias, anarquistas e liberais, todas elas se relacionando com esses entendimentos pressupostos, compreensão que repete em algumas obras.[48] Daí que o anarquismo puro evidentemente fará de sua fé a bondade natural negando radicalmente o Estado, enquanto os liberais farão uso de parecido argumento para sustentar que o Estado se põe "ao serviço" da sociedade.[49] Ou seja, para os liberais a sociedade possui uma ordem própria "em si", de maneira que o Estado é visto com certa desconfiança encontrando-se subordinado àquela ordem. Mas esse é o golpe da realidade: "todas as teorias políticas propriamente ditas pressupõem que o homem é 'mau', e o consideram como um ser não somente problemático senão 'perigoso' e 'dinâmico'".[50]

a) "Perigoso" porque o homem, em virtude de suas condições naturais, é capaz de ferir.

b) "Dinâmico" em razão da mudança de seus desejos e da inconstância de suas ações.

Portanto, não há como ser resolvida a relação entre homem e grupo fora de sua própria localização problemática: não se pode deixar levar por tergiversações que não atingem o ponto problemático do convívio humano. Schmitt tem assim claro que do mesmo modo que um pedagogo precisa encontrar no homem a suscetibilidade de ser educável ou de receber educação, a regra de ouro dos juristas é

46. Schmitt (1999a), p. 90.
47. Schmitt (1999a), p. 90.
48. Schmitt (1999), p. 87.
49. Schmitt (1999a), p. 90.
50. Schmitt (1999a), p. 89.

a presunção dos atos maus e a teológica um ser pecador precisado de redenção. Como consequência, diante da possibilidade real de que exista um inimigo as argumentações sobre o político dificilmente poderiam atestar um otimismo antropológico.[51] É assim que, em 1954, no *Diálogo sobre o Poder*, e em tudo condizente com a simbologia de Caim e Abel, afirma Schmitt que "o poder que o homem exerce sobre outro homem deriva do próprio homem".[52]

Assim é que da acentuação destas imagens o homem foi considerado um lobo: *homo homini lupus*.[53] Contudo, esta não foi a única versão: houve aqueles que fundaram seu poder numa pretensão de divindade, embora obviamente o poder não derive da natureza, muito menos de Deus, mas sim do próprio homem, segundo Schmitt. Em certas épocas isso ensejou o ditado latino: *homo homini Deus*.

Mas se o poder deriva propriamente da luta do homem sobre o homem, do mais potente sobre o impotente, este é o ditado latino que deve prevalecer dadas as próprias capacidades humanas: *homo homini homo*. Isto porque, o homem não é um lobo nem um Deus, apenas é um homem, e enquanto houver homens que obedecem a um outro homem haverá poder. E quando a obediência cessa, o poder cessa.

Nos termos deste fio argumentativo, Schmitt entende que o ponto fundamental consiste na razão pela qual os homens obedecem. E segundo sua compreensão, a obediência a um determinado comando decorre de "motivação". E essa "motivação" se deve ao temor, ou à confiança, ou à esperança, ou ao desespero. Mas de todas estas expressões um mesmo propósito: obter proteção. Neste sentido, e substancialmente, proteção e obediência explicam a própria existência do poder. É assim que Schmitt não pode deixar de elogiar Hobbes: "o maior entre os filósofos modernos do poder".[54] É que a "relação hobbesiana de periculosidade" teve o mérito de esclarecer, apesar da diversa representação, que o maior inimigo do homem é seu próprio irmão: o homem, ainda que feito lobo.

Assim, se o homem é para o homem um homem, *homo homini homo*, essa afirmação não é, como fórmula, o fim, mas o início do problema, de todo problema humano-terrenal.

4. Amigo-inimigo e o conceito do político

Se o homem é o problema, a relação entre amigo-inimigo, segundo Schmitt, é a chave do problema do homem na coletividade. E há uma razão direcionada nisso: Schmitt claramente procura manter o mesmo traço político que o fez elogiar Hobbes, Maquiavel, Donoso Cortes, e Hegel. Schmitt quer manter a raiz político-realista. Daí que "o político" é nome sintético para se identificar a origem da

51. SCHMITT (1999a), p. 93.
52. SCHMITT (1990), p. 15.
53. SCHMITT (1990), p. 15.
54. SCHMITT (1990), p. 16.

política mediante o reconhecimento da oposição inicial que une e exclui. Oposição inicial entre amigo e inimigo que se estabelece na terra e a partir da terra. Da originária apropriação a partir da qual o homem sedimentou seus valores, interesses e estruturas iniciais de existência. Designa, por assim dizer, a dimensão caracterizadora das específicas relações humanas como unidade coletivo-existencial de um povo, e não apenas simbólica.

Do simbólico, vai-se ao concreto: de Caim e Abel, da força de sua evocação, segue-se para o *hostis* e o *inimicus* que como critério distintivo adsorve todo o campo teórico-problemático do homem. E essa é uma importante distinção entre o que Schmitt faz e o que realiza seu contemporâneo Kelsen: Kelsen com sua norma fundamental não adsorve (as questões jurídicas não vão "agregadas" à norma fundamental), mas absorve (toda a articulação de seu universo encontra sentido "na" norma fundamental).[55]

"Amai os vossos inimigos", é o que se encontra em Mateus[56] e em Lucas.[57] Schmitt se faz de filólogo de considerável precisão linguística: argumenta que em seu específico sentido este preceito diz respeito ao inimigo privado e não ao inimigo público, como muitos pensam. E a origem dessa confusão encontra-se num equívoco de vocabulário. Como igualmente ocorre em muitas outras línguas, tanto em alemão quanto em francês há apenas um único termo para designar inimigo privado e inimigo público (assim também na língua portuguesa). Mas em grego e em latim isso não ocorre: inimigo privado é *inimicus*; e o inimigo público é *hostis*. E eis o que diz o texto evangélico: *inimicus vestros* e não *hostes vestros*.[58]

Desta perspectiva, a acuidade de Schmitt colhe resultados: a distinção sutil lhe permite desenvolver uma série de considerações a respeito da noção de amigo e de inimigo, aclarando o sentido que fornece ao seu "político".

Em primeiro lugar, determina o campo de incidência: se numa apreciação moral utiliza-se "bom-mau", na economia "concorrente-aliado", e na estética "feio-bonito", o critério de distinção do político também é critério de essencialidades. Daí que Schmitt afirma que "Não estamos tratando de ficções nem de normatividades, senão da realidade ôntica e da possibilidade real desta distinção".[59] Portanto, o que pretende é estabelecer um ponto seguro capaz de identificar o fenômeno do político.

Em segundo lugar, pretende eliminar algumas possíveis confusões: como o critério "amigo-inimigo" tem a função de ter algum sentido concreto para a política, o inimigo não é necessariamente mau ou feio, muito menos se deve tender para valorações de sentido individual-privado ou como expressão psicológica ou de

55. Para o ponto, veja Capítulo 1 ("Teoria pura do Direito") e Capítulo 6 ("A função da Constituição").
56. *A bíblia de Jerusalém*, Mateus, 4, 43.
57. *A bíblia de Jerusalém*, Lucas 6, 27
58. Schmitt (1999a), p. 59.
59. Schmitt (1999a), p. 58.

tendências privadas. "O inimigo...", pontua Schmitt, "...é simplesmente o outro, o estranho, e para determinar a sua essência basta que seja existencialmente distinto e estranho num sentido particularmente intenso".[60]

Neste ponto, e como consequência, atesta a autonomia do conceito do político: caso se o confronte com os demais âmbitos da experiência (ou seja, os planos ético, religioso, estético, econômico etc.), entende que apenas terão importância se adquirirem particular grau de intensidade para a coletividade, constituindo grupos e os levando a serem opositores uns dos outros enquanto coletividades.

Portanto, não é critério redutível a alguma valoração em específico, mas as valorações aglutinam efetivamente os homens em amigos e inimigos. E quando esta aglutinação for intensa a ponto de resultar em contraposições entre coletividades, no momento histórico específico a valoração intensa irá preencher o critério do político. Significa dizer: o critério do político não possui conteúdo preciso até que suceda o acontecimento histórico, dele, determinante.

Sob esta configuração, sua utilidade é de instrumento para analisar realidades já ocorridas e, não, as que estão por ocorrer. Presta-se ao exame de fatos, e não de acontecimentos futuros ou de um dever-ser histórico hipotético como em Kelsen. Exatamente por isso que o emprego propriamente dito de "amigo-inimigo" é um conceito "concreto-existencial", ainda que seja comum a Schmitt fazer uso de símbolos e metáforas. É "concreto-existencial" porque a avaliação de quem é amigo e de quem é inimigo singulariza-se em cada Estado, de modo que não há transportabilidade quanto à identificação da posição de um Estado diante do outro, embora seja transportável o critério em si. Assim, é critério que depende de referenciais precisos tanto em termos temporais quanto topográficos.

Como se pode notar, há em Schmitt forte influência do *"interpretativo effettuale de Maquiavel"*.[61] Porque tanto para Maquiavel, como para Schmitt, a polarização da compreensão da realidade é fornecida pelo perímetro iniludível do presente.[62]

Mantendo este sentido, pode-se incluir o texto *Romantismo Político* de Schmitt que, já em 1919, vislumbrava o que seria entendido mais tarde na "Era das Neutralizações...", como a pouco referido, como o "período da estetização". E é esse "período de estetização" que servirá de vínculo entre a admiração estética e o consumo pondo-se a serviço da tecnicalidade econômica inserindo-se no mesmo universo e propósito.[63] Ou seja, para Schmitt, o romantismo possui uma função no processo de desenvolvimento moderno: a neutralização romântica da política. Daí

60. Schmitt (1999a), p. 57.

61. Machiavelli (1967), Dedica.

62. Contra: Kelsen. Para isso, Capítulo 2, "Kelsen e o problema da divisão entre direito público e privado".

63. Schmitt (1972b), p. 175.

que o romantismo político aparece como uma dimensão que não se encontra *na história*, recaindo em subjetividades onde tudo é discutível.

Com efeito, o "'ocasionalismo' subjetivado"[64] do romântico será para Schmitt o fio compreensivo do movimento: para o romântico o conflito nada mais é que uma sucessão de episódios dramáticos inerentes à própria vida, não constituindo um chamado à ação (como seria para um realista político, pois o conflito "une e desune" coletividades), mas oportunidade de experimentação das emoções. O Estado se torna, assim, o ambiente para as projeções do amor e não do político; nele, ocorre o jogo e a antítese das polaridades homem-mulher, guerra-paz (com heróis e malfeitores), nobres-burgueses, direito-interesse, cidade-campo etc.[65]

Daí a consequência: a "poetização" do mundo impede que o romântico seja capaz de decidir entre o correto e o incorreto concretamente. E é esta "novela interminável" de representações que torna o indivíduo romântico um inepto, um ser passivo, um incapaz diante dos conflitos reais contradizendo tudo que é importante para Schmitt na política: a referência "histórico-concreta" e "dinâmico-histórica" que compõe a *realtà effettuale*. O processo intelectual que permite reconstruir percursos histórico-culturais de importância sem recair numa metafísica da história ou em "subjetividades e devaneios". Exatamente por isso que quando começa a apreciação autêntica da política o romantismo político chega ao seu fim.

Desse modo, Schmitt vê semelhanças entre os românticos e os liberais: há despolitização e há uma antipolítica em ambos, seja por enevoá-la com uma subjetividade fantasiosa, seja por negá-la com uma sucessiva tecnicalidade e disputa mercadológica num Estado limitado à lei sem se ater ao que há para além da lei (embora não extrajurídico ou metafísico). Em uma frase: o romantismo político e o liberalismo são o "cavalo de Tróia" do político.

Depois de tudo, o que efetivamente é digno de atenção: se "referência histórica concreta" e a "dinâmica histórica" formam a realidade efetiva que está a importar a Schmitt, é a consideração "histórico-concreta" que impede que a apreciação seja tomada *a priori*, o que permite a aproximação entre história e realidade presente. Caso se atente para isso, é exatamente no contexto da discussão do *Romantismo Político* que vai aparecer para Schmitt o termo decisão como caracterizadora de sua postura teórica, embora tenha feito uso em definitivo do termo "decisionismo" no prefácio da edição de 1928 de *A Ditadura* para se referir não apenas aos fundamentos legais da ditadura, mas também ao arcabouço teórico do estado de emergência no direito constitucional.[66]

É dizer, não é porque nesta delimitação concreta exista determinação dos espaços de ação que apenas por isso o fornecido critério do político seja belicista ou militarista, imperialista ou pacifista. Muito menos tem o objetivo de firmar como

64. Schmitt (1981), p. 169.
65. Schmitt (1972b), p. 181.
66. Schmitt (1999b), p. 24-25.

"ideal social" a guerra ou a revolução, pois a guerra e a revolução não são em nada correspondentes ao que é "social" nem "ideal". A origem do político não é a guerra, mas a disposição para realizá-la, ainda que nunca ocorra. Da mesma forma, esse critério não consigna a monolítica situação de que um povo vá ser amigo ou inimigo do outro eternamente. O que apenas está a expressar é que a guerra, na política dos Estados, é sempre latente como meio extremo de posição e não porque seja a finalidade da política ou o seu objetivo. Por todas essas considerações, e sem se esquecer da distinção entre inimigo privado e público, que Schmitt não pode deixar de atestar o contra-senso de se estabelecer guerra por razões outras que não as razões da inimizade pública.[67]

> "A guerra como o meio político extremo revela a possibilidade desta distinção entre amigo e inimigo que é subjacente a toda forma de se representar o político, e por essa razão somente tem sentido enquanto esta distinção tiver realmente lugar na humanidade, ou quando isso for possível. Pelo contrário, uma guerra levada a cabo por motivos 'puramente' religiosos, 'puramente' morais, 'puramente' jurídicos ou 'puramente' econômicos seria um contra senso." (Schmitt, CP, p. 66)

Em resumo, o conceito do político de Schmitt invoca relações originárias da política de um modo autônomo (porque não se confunde com os possíveis fatores de determinação histórico-concreta de amizade-inimizade), correspondendo assim a um critério disjuntivo de identificação das essências das relações humano-coletivas, sendo, pois, contingente e passível de aferição concreta.

Como consequência, o conceito de inimigo implica visualização política de coesão, demais de uma "morfogênese política": pois apresenta o Estado como uma unidade aos olhos do inimigo. Mais do que isso: a própria existência da unidade pressupõe a possibilidade real do inimigo e a simultânea existência de outras tantas unidades políticas. Amigo e inimigo são realidades interdependentes: só há um se houver o outro. Caso todos fossem amigos a noção de amizade se perderia, como, em sentido contrário, se perderia igualmente a noção de inimigo. Assim sendo, é plenamente compreensível a afirmação de Schmitt segundo a qual o mundo político constitui um *pluriversum*, e, não, um *universum*. E o que é igualmente relevante: considerando-se o fato de que todo Estado é uma unidade, unidade esta que é fornecida pelo seu caráter político, pode-se afirmar que toda teoria do Estado é uma teoria diante do pluralismo.[68]

Contudo, este último aspecto deve ser compreendido em termos adequados: quando Schmitt faz referência ao pluralismo estatal, o pluralismo a que se refere é externo, não interno, pois em termos políticos o Estado apenas pode ser internamente uma unidade política. Em situação diferente, entende Schmitt que o Estado sofreria de conturbações políticas internas, subdividindo-se.

67. Schmitt (1999a), p. 63.
68. Schmitt (1999a), p. 86.

Assim, chegamos em um importante ponto: considerando-se o *pluriversum* do mundo estatal e a natureza humana, não surpreende que Schmitt, atentando para a distinção amigo-inimigo, tome como ficcional ou como "figura retórica vazia" a paz no mundo ou mesmo um Estado mundial que compreenda toda a Terra e toda a Humanidade.[69] E aqui mais uma vez Schmitt não deixa de admirar os teóricos políticos autênticos: eles não negam a importância da realidade humana em nome de uma utopia filosófica que mascara a experiência da realidade histórico-política com idealismos, pois os idealistas solidificam posturas ignorando que em política as coisas se dão *rebus sic stantibus*.[70] E ainda: a pressuposição de uma relação política sem inimigos, a utopia política, é incapaz de oferecer obstáculos aos perigos que das relações entre os Estados possa advir; é uma política de desamparo e não de proteção da comunidade unitária porque o amigo de hoje pode ser o inimigo de amanhã. Com isso a conclusão apenas pode ser uma: para Schmitt, o critério amigo-inimigo é um "critério-preventivo" dado que atende a relatividade situacional de um panorama histórico-político hostil.

Brevemente: o peso da História, para Schmitt, não é uma fórmula retórica[71] e isso se deve à influência de Maquiavel. Por essa razão entende que as guerras fundadas numa justificação humanitária não passam de "evocações-instrumento" para as expansões imperialistas dos Estados. Ou, nos termos de seu próprio discurso:

> "Aduzir o nome da 'Humanidade', apelar à Humanidade, confiscar esse termo, tida a consideração de que tão excelso nome não pode ser pronunciado sem determinadas consequências, somente põe em manifesto a aterradora pretensão de negar ao inimigo a qualidade de homens, declarando-o *hors-la-loi e hors l'humanité*, e levar assim a guerra à mais extrema inumanidade." (Schmitt, CP, p. 84)

J. Freund entende haver um significado profundo nas considerações de Schmitt sobre o *pluriversum* estatal: caso se entenda a paz como a inexistência de agressão, estabelece-se critério não relativo à paz, mas ao pacifismo. E há toda uma importância no quanto se diz: é que para a paz a solução é a política (entenda-se bem: uma política que nota o plano existencial amigo-inimigo), ao passo que com respeito ao pacifismo – embora seja essa uma ficção agradável e sedutora – o que existe é utopia.[72] E é precisamente por essa razão que a antropologia pessimista para Schmitt surge como pressuposto fundamental de operacionalidade conceitual do Estado enquanto ente de força. A possibilidade de utilizar a força para controlar conflitos surge como forma de se deduzir racionalmente a coerção jurídica.

Quanto a isso, não é demais observar que se inclui no campo de percepção aqui admitido que há similitudes entre essa postura de Schmitt revelada por Freund

69. Schmitt (1999a), p. 86.
70. Freund (1995), p. 103.
71. Freund (1995), p. 104.
72. Freund (1995), p. 56.

e a posição que Kelsen assume diante da impossibilidade de se estabelecer paz jurídica caso se a defina como ausência de força (guardadas, por evidente, as devidas proporções e âmbitos).[73] E caso se considere o que foi dito, algo mais pode ser acrescentado: o alcance da preocupação de Schmitt ao firmar a compreensão disjuntiva amigo-inimigo é consideravelmente mais ampla que a de Kelsen, tendo em vista que não se reduz à consideração relacional "comando-obediência" ou o critério de determinação do político mediante o artifício da distinção entre "âmbito privado" e "âmbito público" porque ambos atingem, no mais das vezes, apenas a "endoestatalidade", não as relações entre os diversos Estados.[74]

5. Punição e recompensa

Hobbes pensa num nexo normativo convencional que segue do medo para a ordem; Schmitt, por seu turno, cria uma "*história da inimizade e da identidade*"[75] e a partir dela dimensiona o universo político do includente-excludente, do "*amigo e do inimigo*". Contudo, para ambos, não lhes é tão importante que da via da organização se possa extrair um arremate lógico-científico que a suporte operativamente – isso apenas ocorrerá com Kelsen.[76] Mas se Schmitt precisa ir à paz da *ficção teológico-genesíaca* para chegar ao caos, e, a partir do caos e da violência crescente alcançar o impulso para a ordem (como se necessitasse de um modelo de um antecedente que despertasse o desejo de pacificação [pacificação e não pacifismo atente-se bem]), Hobbes não sente falta deste recurso, pois a paz é a situação de escape do que a todos assombra e aflige: assim, autojustifica-se.

Com efeito, se se quiser voltar ainda aqui, mais uma vez, a atenção para Kelsen, a paz relativa é o seu sopro de realidade, embora não exista um contrato que ateste o momento da razão que eleva o homem à composição de uma existência comum possível porque traduzida numa salvadora e necessária conformação comportamental da espécie: há, segundo Schmitt, apenas o despertar das ilusões através da ciência, das descobertas entre o que depende da natureza e de suas leis e o que está entregue aos homens e a sorte da razão humana que ordena conformando coercitiva e institucionalmente comportamentos através do Estado e da imputação. Mas apesar das diferenças há algo em comum a todos eles: a busca por um sentido mais profundo no agir humano: uma freudiana pulsão de morte em Kelsen; a consequência de uma súbita retirada do Paraíso por determinação de Yaweh em Schmitt; ou a ambição de vanglória humana que amedronta, em Hobbes.

Ademais, igualmente comum é a presença necessária do Estado, seja lá como se o chame: este *artificial man* hobbesiano ou o "Deus mortal" de Schmitt aos olhos de Kelsen: porque há uma *"fisiológica insecuritas"* decorrente de uma "conflituo-

73. Veja, Capítulo 1, "Teoria pura do Direito".
74. Freund (1995), p. 57.
75. Barbieri (1990), p. 43.
76. Kelsen (1998).

sidade endêmica" que os aproxima.[77] E destas múltiplas imagens, chega-se ao que é central: a questão da punição e da recompensa.[78]

Desse modo, se em Jó aparece o Leviatã como o grande monstro, não se pode esquecer a imagem de Behemoth que Schmitt verá equiparada no pensamento hobbesiano à revolução cujo controle apenas se obtém com o soberano-Leviatã. E essa é a luta entre dois grandes animais: o Leviatã e Behemoth, representantes da Terra e do Mar, e não o bem e o mal. Eis a representação do homem, este ser "terrícola" diante do homem desbravador e conquistador das águas.[79]

A partir deste ponto, Schmitt encontra nas palavras de Hobbes a ideia de que o "Estado é apenas a guerra civil continuamente impedida por um grande poder".[80] E esta narrativa nada mais expressa do que "a inevitável contraposição entre amigo e inimigo".[81]

6. *Partner, hostis, inimicus*

Se a ideia de inimigo político para Schmitt é a de inimigo-*hostis*, inimigo público, e, não *inimicus*, que diz respeito à esfera privada, não é necessário odiar pessoalmente o inimigo público (pode-se até amá-lo, embora soe isto paradoxal), pois como outro ele é apenas aquele que não pertence à comunidade. Significa dizer, a hostilidade não é elemento para a caracterização do inimigo político, ou ao menos não é elemento suficiente. Daí que o vocábulo *hostis* requer a compreensão de Estado ou organização social que como comunidade identifique o outro como seu opositor.

É aqui, sem dúvida alguma, que caracterizações como o "amigo é um 'alter ego'" possui mais retórica que fenomenologia.[82]

Para Schmitt "amizade política" se traduz em alianças, acordos, tratados de não-agressão. Amigo é o não-inimigo, um *partner* temporário ou permanente, seja qual for o motivo. Mas se isso consubstancia a noção de amigo, por outro viés Schmitt coloca a questão do inimigo como inimigo público, com o que existe interdependência entre ambos os conceitos.

Mas o que é ser inimigo público?

"Inimigo público" é aquele que pertence a um conjunto de membros de uma coletividade que se opõe a outro conjunto análogo com a possibilidade de utilizar a violência.[83] Com isso, o significado do político relaciona-se com a "dimensão ontológica do agir humano" porque o ato final da violência encontra-se com o ato inicial

77. Marramao (2000), p. 59.
78. Schmitt (1986a), p. 74-75.
79. Schmitt (2001), p. 34.
80. Schmitt (1986a), p. 77.
81. Schmitt (1986a), p. 73.
82. Freund (1995), p. 63.
83. Schmitt (1999a), p. 58.

da formação da oposição como a que estabelecer uma dobra que torna possível o encontro de extremidades. A inimizade não se caracteriza pela mera oposição de homem a homem, pois seu contorno de traçado se estabelece entre coletividades, entre homens organizados ao redor de uma convicção.

Portanto, não há *continuum* entre o político e o laço das relações individuais ou relações atomizadas[84] já que, para Schmitt, a inimizade política é eminentemente constituída e mantida pelo chamado do Estado e não por desavenças particulares dos indivíduos.

Com isso ecoa, no particular, o que já fora acentuado por J.-J. Rousseau:

> "A guerra não representa, pois, de modo algum, uma relação de homem para homem, mas uma relação de Estado para Estado, na qual os particulares só acidentalmente se tornam inimigos, não o sendo nem como homens, nem como cidadãos, mas como soldados, e não como membros da pátria, mas como seus defensores. Enfim, cada Estado só pode ter como inimigos outros Estados e não homens, pois que não se pode estabelecer uma relação verdadeira entre coisas de natureza diversa." (J.-J.Rousseau, CS, Livro I, Capítulo IV)

7. A cegueira

Com efeito, Schmitt nega a existência tanto de uma ordem natural (mercadológica) como ideada pelos liberais, como igualmente nega a presença da ordem histórica (história como nascente da liberdade) dos anarquistas. O motivo é este: não há coordenação entre os interesses gerais e particulares que possam resultar em definitivas soluções para a animosidade que decorre da dinâmica humana.[85] Nesse sentido, se os conflitos precisam ser neutralizados a questão passa a ser: como?

Schmitt sabia que fornecer essa resposta é uma questão de necessidade, de sobrevivência do coletivo. E apenas tornando inertes as forças em conflito que a ordem é estabelecida. Por isso que todo o direito daí decorre, ou seja, apenas aparece depois que a ordem já foi estabelecida e, não, antes, por ser impossível alguma norma prevalecer diante do caos. Desse modo, existem duas formas de neutralização acusadas em sua literatura: uma, a "neutralização processual-técnica"; outra, a "neutralização ato-político".

a) A "neutralização ato-político" decorre de uma decisão que põe fim à desordem, dependendo para isso de uma força que seja capaz de controlar a disputa entre as coletividades.

b) Por sua vez, a "neutralização processual-técnica" constitui instrumento normativamente constituído para solucionar os casos de conflito particulares.

Segundo Schmitt, ambas neutralizações provocam uma "despolitização mascarada" porque escondem as relações entre as coletividades sob uma pretensa

84. Marramao (1995).
85. Schmitt (1999a), p. 92.

ordem procedimental-legalista. Para Schmitt, ambas pressupõem uma invariância do poder político com o que apenas constituem uma "normalidade da norma" e não uma "normalidade do real", do embate entre amigo e inimigo.

Sigamos um pouco mais com o argumento.

Para Schmitt há uma nascente específica para essa neutralização-despolitização, este processo-técnico que retrata como confusa a luta teológica, a demanda jurídica etc.: a nascente que fez do Estado uma "boa-máquina", a "grande máquina", a *machina machinarum*: foi Descartes que antes de Hobbes pensou no homem, em seu complexo, como um mecanismo.[86] Hobbes apenas dessa ideia transpôs para um "grande homem", o Deus *mortalis* que o homem criou com seu intelecto pactício, pois o homem foi o criador desse *homo artificialis*, o idealizador racional desse artifício que se põe a serviço da segurança terrena dos homens por ele dominados e protegidos que se chama Estado.

Mas desta criação o século XVII fez, segundo Schmitt, de tudo técnica, iniciando o processo de neutralização técnica que culmina com a tecnicização geral.[87] Daí que para Schmitt há uma diferença fundamental entre "a normalidade do real", por um lado, e, por outro, "a realidade da norma", a normalidade que o pensamento normativista de Kelsen estabelece.

Contudo, por amor à precisão, devo indicar que a expressão "normalidade da norma" não foi usada por Schmitt, embora eu entenda estar presente em seu pensamento.[88] Um dos muitos exemplos disso surge nesta passagem:

> "Não existe nenhuma norma que seja aplicável no caos. Primeiro deve ser estabelecida a ordem; somente então faz sentido um ordenamento jurídico. É necessário se criar uma situação normal, e soberano é aquele que decide de modo definitivo se este estado de normalidade está ocorrendo realmente ou não." (Schmitt, CP, p. 39)

Por outro lado, e do mesmo modo, não se encontra a expressão "normalidade do real" em Schmitt. Schmitt apenas contrapõe o *ius* à norma e o enaltecimento do legislador motorizado (expressão que Schmitt emprega para designar o legislador que tudo regula) como um erro; um erro que faz do legislador um agente mítico, um agente que supostamente poderia tudo prever e regular. Aliás, é isto que se extrai do texto de Schmitt publicado em 1934, intitulado *Sobre os Três Modos de Pensar a Ciência Jurídica*. Neste texto, Schmitt continua a fazer referência a contraposição cega entre previsão em uma situação de ordem social, quando o problema é a sua imprevisibilidade.

Diz Schmitt:

> "(...) todas as normas são válidas em uma validade 'sempre em ordem', pois

86. Schmitt (1986b), p. 56.
87. Schmitt (1986a), p. 92.
88. Assim, perdoe-me meu leitor por eu cunhar, aqui, esta expressão simplificadora.

> a 'desordem' da situação concreta não interessa ao normativista, pois este se interessa apenas com a norma em si. Assim é que o comportamento concreto não é, do ponto de vista normativista, uma desordem em contraposição à ordem. (...) É próprio do método puramente normativista isolar e tornar absoluta a norma da regra. Cada regra, cada normatividade legislativa regula muitos casos. E as normas se sobrelevam aos casos singulares e ficam sobre a situação concreta e possuem, por isso, enquanto normas, uma certa superioridade sobre a realidade do caso singular concreto, sobre a mudança das contingências e sobre a vontade dos homens." (Schmitt, ITT, p. 252)

Deste exato ponto surge um dos mais fortes ataques de Schmitt à teoria de Kelsen. Segundo Schmitt, para Kelsen, se há uma previsão de delito o delito é obviamente parte da "normalidade da norma", e, não, uma desordem normativa.

Ou seja, a ordem ou a "normalidade normativa" deve ser entendida como meio de se obter o "controle social específico" e previsão das ocorrências "tipificadas". E isto é crucial: como foi visto, para Schmitt "políticos autênticos" foram aqueles que vislumbraram o homem como problemático. E a problemática do homem pode ser traduzida – mantido o referente amigo-inimigo – com a projetiva possibilidade de haver conflitos; conflitos nem sempre previstos normativamente, mas que não deixam de ser conflitos "do direito" para Schmitt. Em termos schmittianos os conflitos e a necessidade de resolvê-los devem ser considerados por uma teoria realista, eis que são parte da normalidade dos acontecimentos aos olhos de uma teoria político-realista dos conflitos. Pensar de outro modo é reduzir os acontecimentos jurídicos às normas e à "realidade das normas".

Daí que Schmitt, seguindo seus próprios pressupostos, busca vulnerar as teorias suportadas pela "realidade das normas" mostrando sua pouca utilidade quando não há ordem, quando ocorre a guerra de todos... Ou ainda, Schmitt procura evidenciar os limites da normalidade das normas.

8. Schmitt contra Kelsen

Schmitt quando estabelece a separação aqui designada de normalidade das normas e normalidade do real tem em mente a corrente normativista de Kelsen e a "tecnicização despolitizante" que, segundo Schmitt, ele representa.

Conforme entende Schmitt, como o normativismo mantém apenas atenção ao conjunto de normas, o direito é reduzido à normalidade que as normas estabelecem, ignorando, por conseguinte, as relações políticas que oscilam e que historicamente são determinantes da própria normalidade normativa. Assim é que, em termos schmittianos, a normalidade que se deve observar é a normalidade do político, não a normalidade das normas. Esta a razão do impasse: para Schmitt não se deve olhar para a normalidade das normas, mas para a "normalidade do Direito". E a normalidade do Direito é a "paz belicosa": a potencial e contínua possibilidade da oposição amigo-inimigo.

Desse modo, a solução oferecida por Schmitt para se alcançar esta "normalidade do Direito" são os instrumentos de conhecimento (critério amigo-inimigo) e político de exceção (que aparece na figura conceitual do "soberano"), que não escondem, antes exibem, as contradições humanas. É deste ponto que decorre o questionamento de "quem" instaura a ordem e "quem" ordena o caos. Uma das consequências desta oposição é o debate célebre entre Kelsen e Schmitt a respeito de quem deve defender a Constituição.[89]

Portanto, "decisionismo" é o oposto de normativismo. Se por "normativismo" se entende a específica compreensão do direito reduzindo-o às normas, por decisionismo concebe-se a particular redução do direito a uma particular vontade que é capaz de determinar ações sem ser determinada por nenhuma outra vontade que se possa considerar superior, o que atesta a inseparabilidade entre direito e política em Schmitt.

Nesse sentido, o decisionismo pode ser analisado sob três diversos referenciais:

a) como doutrina jurídica;

b) como postura ético-política; e

c) como dimensão filosófico-política.

Na primeira das possibilidades a), o decisionismo está a apontar para os momentos de crise aguda em dada ordem jurídica (caso já exista) ou para a ausência de ordem jurídica (o caos, o momento inicial do surgimento do Estado, a "guerra de todos..." [ou melhor: de todas as coletividades]). É exatamente dessa decisão que decorre a submissão do direito à política, pois para Schmitt a soberania é função indispensável para a afirmação da ordem, e não o contrário. Mas uma decisão política que é destituída de conteúdo normativo porque não há normatividade que a restrinja, embora isso não signifique privada de conteúdo valorativo ou informada por valores vinculados ao momento "histórico da terra".[90] E isso para Schmitt não é o fim do direito, mas sim o início: é apenas o fim para o limitado alcance da "normalidade normativa", não para a "normalidade do real", pois este é o "factual-decisório instante" da *arché* jurídica (porque da ausência de previsão normativa se cria o direito do nada normativo).

No plano ético-político b), surge exatamente o que estava a se afirmar: a decisão embora não seja limitada pelas normas existentes (ou não mais existentes faticamente dada a situação de exceção), vincula-se a certa posição que se assume diante da excepcionalidade. Caso se não consiga pensar em outra, ao menos haverá o valor assumido de que as normas devem ser decididas por quem detém o poder (entendido aqui como força capaz de se fazer impor e prevalecer).

89. Veja, Capítulo 6, "A Função da Constituição".

90. Schmitt (2009).

Em terceiro e último lugar c), há a questão da dimensão filosófico-política. Neste particular, o decisionismo consiste numa reação contra os princípios moderno-iluministas, principalmente sua "crença na lei" como solução para os problemas humanos. O decisionismo consiste, desta feita, numa resposta à tecnicização da vida política paralisada pelo ficcionismo econômico de mercado, moral e normativa. E é exatamente o critério amigo-inimigo, segundo Schmitt, que aponta o equívoco destas posturas, pondo fim à mecanização da vida humana. Daí que, para Schmitt, o romantismo se opõe a toda política, pois o romantismo anuvia a decisão com fantasias, não permitindo enxergar a pujança do real. E, assim, igualmente concebe o liberalismo: tanto o romantismo quanto o liberalismo diluem a política em questões morais ou estéticas, ambos seguem o caminho do iluminismo e da secularização.

9. Conclusões

a) Para Schmitt há na teoria política dois grupos de abordagem; a abordagem das teorias autênticas e a abordagem das teorias inautênticas. "Autênticas" são as teorias que pressupõem um homem que não é bom por natureza, mas belicoso e capaz de ferir; "inautênticas", ao contrário, são as teorias que assumem a bondade humana e utilizam tal referência como elemento de composição teórica;

b) Como, para Schmitt, há relação entre a política e o direito, os teóricos do direito devem atentar para a verdade dos fatos. Porque se *homo homini homo*, as teorias centradas apenas em normas são cegas diante das possibilidades do real, de modo que se fecham em artificialismos e em técnicas de repercussão apenas aparente diante da normalidade do real;

c) A compreensão da integração e desintegração das coletividades depende tanto do entendimento da origem dos conflitos como da real origem da ordem. Para Schmitt, a origem do conflito se encontra não apenas na natureza humana, mas em algo mais profundo, como entremostra a disputa da passagem de Caim contra Abel; já a origem da ordem é integrada pela noção de amigo-inimigo e pela decisão soberana;

d) Para Schmitt soberano é aquele que decide em situações excepcionais. Assim, se na normalidade das normas a atividade política se resume em manter a paz dentro dos próprios limites das normas, na normalidade do real o objetivo é manter a pacificação da unidade política. Daí que tudo cede a esta força essencial, pois toda unidade política apenas encontra o seu valor e justificação de existência em sua existência mesma, não em uma ideia abstrata de conveniência normativa;

e) Por fim, segundo Schmitt, exatamente pelo fato de a existência da unidade política constituir o âmago da sobrevivência no espaço político que ideias românticas, os idealismos, os tecnicismos devem ser abandonados, pois são irreais e colocam em risco a própria existência do Estado.

BIBLIOGRAFIA

AQUINO, T. D. ST – *Summa Theologica.*

AUSTIN, John (1861). *Lectures on Jurisprudence*, vol. 1, John Murray Editor: London (1972).

BACON, F. *Novum Organum*, Editora Cultural. Trad.: J.A. Reis de Andrade: São Paulo (1999).

BARBIERI, M. S. (1990). *Il senso del politico (Saggio su Carl Schmitt).* Milano: Giuffrè.

BOBBIO, Norberto (1989). *Estado*, Enciclopédia Einaudi, n. 14, Imprensa Nacional, Portugal.

BRAVO, G.M. (1983). *Anarchismo.* Em: N. Bobbio/N. Matteucci/G. Pasquino, *Dizionario di Politica*, UTET: Milano.

BRENNAM, R. (1997). *Heisenberg probably slept here.* Trad.: *Gigantes da física*, Rio de Janeiro: Jorge Zahar Editor (1998).

CAMMARATA, E. (1963). *Formalismo e sapere giuridico (Studi)*, Milano: Giuffrè Editore.

CARRINO, A. (1992). *L'ordine delle norme. Stato e diritto in Hans Kelsen*, Edizioni Schientifiche Italiane: Napoli.

CARRINO, Agostino. (1995). *Max Weber et Hans Kelsen.* In: C.M. Herrera (AA.VV.). *Le droit, le politique (Autour de Max Weber, Hans Kelsen, Carl Schmitt)*, Paris: L'Harmattan.

CASSIRER, E. (1907). *Das Erkenntnisproblem in der philosophie und Wissenchaft der neuerem Zeit*, II, Bruno Cassirer Verlag, Berlin. Trad.: W. Roces, *El problema del conocimiento*, II, Fondo de Cultura Económica: México (1993).

COUTU, M. (1995). *Max Weber et les rationalités du droit*, Paris: L.G.D.J.

DURKHEIM, Émile. (1895). *Les règles de la methode sociologique.* Trad.: J. Rodrigues Meréje, São Paulo: Editora brasileira (1937).

FILMER, R. (1996). *Patriarca or the natural power of kings.* New York: Cambridge.

FREUD, S. (1913). *Totem und tabu.* Trad.: C.L. Musatti, *Totem e tabú. In: Toten e tabú e altri scritti (1912-1914)*, Bolatti Boringhieri: Torino (1989).

_____. (1914). *Zur Gerschte der psychoanalytichen Bewegung*. Trad.: C.L. Musatti, *Per la storia del movimento psicoanalitico. In: Toten e tabú e altri scritti (1912-1914)*, Bolatti Boringhieri: Torino (1989).

FREUND, J. (1995). *Il terzo, il nemico, il conflito (Materiali per una teoria del politico)*. Milano: Giuffrè.

GAIO. Digesto. 1.1.1.2.;2.14.38;50.17.45.1.

GAVAZZI, G. (1981). *Kelsen: dalla libertà anarchica alle libertà democratiche, Il Politico*, Rivista Italiana di Scienze Politiche), Università di Pavia, n. 3, settembre.

GOYARD-FABRE, Simone. (1989). *Jean Bodin et le droit de la République*, Paris: P.U.F.

HADOT, P. (1995). *Qu'est que la philosophie antique?*, Gallimard: Paris.

HEISENBERG, W. (1958) *Physics and philosophie: the revolution in modern science*. Trad.: J.C. Ferreira, *Física e filosofia*, Humanidades: Brasilia (1999).

HOBBES, Thomas. *Leviatã*, Imprensa Nacional Casa da Moeda, Trad.: J.P. Monteiro/M.B. Nizza da Silva, s/d.

_____. *Philosophical rudiments concerning government and society*. Trad.: R. Janine Ribeiro, *Do Cidadão*, Martins Fontes: São Paulo (1998).

IHERING, Rudolf Von (1883). *Der Zweck im Recht*. Trad.: L. Rodriguez, *El fin en el Derecho*, Madrid, s/a.

JELLINEK, Georg. (1959). *Allgemeine Staatslehre*, Hermann Gentner Verlag, Darmstadt. Trad.: Fernando de los Ríos Urruti, *Teoría general del Estado*, Granada: Editorial Comares (2000)

JUSTINIANO. Institutas, 1.1.4.

KANT, Emmanuel, CRP-*Kritik der Reinen Vernunft*. Trad.: M.P. dos Santos, *Crítica da razão pura*, Calouste Gulbenkian: Lisboa.

KELSEN, Hans (1945). TGDE-*General Theory of Law and State*. Trad.: L. Carlos Borges, *Teoria Geral do Direito e do Estado*. Martins Fontes: São Paulo (1998).

_____ (1911). PF-*Hauptprobleme der Staatsrechtslehre, entwickelt aus der Lehre vom Rechtssatze*, J.C.B. Mohr, Tübingen. Trad.: A. Carrino, Problemi fondamentali della dottrina del diritto pubblico, Napoli: Edizioni Scientifiche Italiane (1997).

_____ (1911). PF-*Hauptprobleme der Staatsrechtslehre, entwickelt aus der Lehre vom Rechtssatze*, J.C.B. Mohr, Tübingen. Trad.: A. Carrino, *Problemi fondamentali della dottrina del diritto pubblico*, Napoli: Edizioni Scientifiche Italiane (1997).

_____ (1912). *Staat und Recht. Zum Problem der soziologischen oder juristischen Erkenntnis des Staates*, in "Kölner Vierteljaresschrift für Soziologie", Soziologische Heft, 2. Jahrgang. Trad.: A. Carrino, *Stato e diritto. Il problema della conoscenza sociologica o giuridica dello Stato*, Napoli: Edizioni Scientifiche Italiane (1991).

_____ (1913-1914). *Über Staatsunrecht* in "Grünhutsche Zeitschrift für das Privat-und öffentliche Recht der Gegenwart". Trad.: A. Abignente, *L´illecito dello Stato*, Napoli: Edizioni Scientifiche Italiane (1990).

_____ (1913). *Politische Weltanschauung und Erziehung*, in "Annalen für soziale Politik und Gesetzgebung. Trad.: A. Carrino, *Concezione politica del mondo ed educazione. In: Dio e*

Stato (La giurisprudenza come scienza dello spirito), Edizioni Scientifiche Italiane: Napoli, 1988.

_____ (1913). *Rechtsstaat und Staatsrecht*, in *Osterreichische Rundschau*, nº 36. Trad.: A. Carrino, *Stato di diritto e diritto pubblico. In: Dio e Stato (La giurisprudenza come scienza dello spirito)*, Napoli: Edizioni Scientifiche Italiane, 1988.

_____ (1919). *Zur Theorie der juristischen Fiktionen. Mit besonderer Berücksichtigung von Vaihingerrs Philosophie des Als-Ob*, "Annalen der Philosophie", Bd. 1. Trad.: A. Carrino, *Sulla teoria delle finzioni giuridiche. In: Dio e Stato (La giurisprudenza come scienza dello spirito)*, Edizioni Scientifiche Italiane, Napoli (1988).

_____ (1920). EVD-*Von Wesen und Wert der Demokratie*, Arkiv für Sozialwissenchaft und Sozialpolitik, Bd 47. Trad.: A. Carrino, *Essenza e valore della democrazia. In: Dottrina dello Stato*, Edizioni Schientifiche Italiane, Torino (1994).

_____ (1920). PS-*Das Problem der Souveränität und die Theorie des Völkerrchts. Beitrag zu einer Reinem Rechtslehre*, Mohr, Tübingen. *Il problema della sovranità*, Trad.: A. Carrino, Milano: Giuffrè Ediztore (1989).

_____ (1920). *Vom Wesen und Wert der Demokratie*, in *Archiv für Sozialwissenschaft und Sozialpolitik*, Bd. 47. Trad.: A. Carrino, *Essenza e valore della democracia. In: Dottrina dello Stato*, Napoli: Edizioni Scientifiche Italiane, 1994.

_____ (1921a). CESC-*Der Staatsbegriff der 'verstehenden Soziologie'*, in "Zeitschrift für Volkswirtschaft und Sozialpolitik", Neue Folge, 1. Band. Trad.: A. Carrino, *Il concetto di Stato della 'sociologia comprendente'. In: Sociologia della democrazia*, Napoli, Edizioni Scientifiche Italiane (1991).

_____ (1921b). *Demokratisierung der Verwalttung*, in Zeitschrift für Verwalttung. C. Geraci, *Forme di governo e concezioni del mondo*. In: *Il primato del parlamento*, Milano: Giuffrè, 1982.

_____ (1922). *Der Begriff des Staates und die Sozialpsychologie. Mit besonderer Berücksichtigung von Freuds*, Imago. Trad.: V. Barkon, *O conceito de Estado e a psicologia social, com especial referência à teoria de grupo de Freud. In: A Democracia*, Martins Fontes: São Paulo (2000).

_____ (1922/1923). *Gott und Staat*, "Logos. Internationale Zeitschrift für Philosophie der Kultur", Bd. 11. Trad.: A. Carrino, *Sulla teoria delle finzioni giuridiche. In: Dio e Stato (La giurisprudenza come scienza dello spirito)*, Edizioni Scientifiche Italiane: Napoli, 1988.

_____ (1922a). *Staat und Recht im Lichte der Erkenntnistheorie*. Trad.: A. Carrino, *Il rapporto tra Stato e diritto dal punto di vista epistemologico. In: L'anima e il diritto (Figure arcaiche della giustizia e concezione scientifica del mondo)*, Roma: Edizioni Lavoro (1989).

_____ (1922b). *Der soziologische und juristische Staatsbegriff*, J.C.B. Mohr (Paul Siebeck), Tübingen. Trad.: A. Carrino, *Il concetto sociologico e il concetto giuridico dello Stato*, Milano: Edizioni Scientifiche Italiane (1997).

_____ (1923-1924). *Die Lehre von der drei Gewalten oder Funktionen des Staates*, in Archiv für Rechts-und Wirtschaftsphilosophie, XVII. Trad.: C. Geraci, *La dottrina dei tre poteri o funzioni dello stato. In: Il primato del parlamento*, Milano: Giuffrè (1982).

_____ (1923). *Sozialismus und Staat*, Hiirschfeld, Leipzig. Trad.: R. Behrman, *Socialismo y Estado (Una investigación sobre la teoría política del marxismo)*, Editoriales de Derecho Reunidas, Madrid (1985).

_____ (1924). *Diritto pubblico e privato*, Riv. Int. Fil. Dir., anno IV.

_____ (1926). *Demokratie, in Schriften der Deutschen Gesellschaft für Soziologie*. Trad.: Carmelo Geraci, *La democrazia*. *In:* Il primato del parlamento, Milano: Giuffrè Editore (1982).

_____ (1926). *Grundriß einer allgmeinen Theorie des Staates*, Wien. Trad.: A. Carrino, *L´essenza dello Stato. In: Dottrina dello Stato*, Napoli: Edizioni Scientifiche Italiane (1994).

_____ (1926). *Zur Soziologie der Democrazie,* in "Der österreichische Volkswirt". Trad.: Agostino Carrino, *Sociología Della democracia.* In: Sociología della democracia, Roma: Edizioni Scientifiche Italiane (1992).

_____ (1927). *Der Staatsbegriff und die Psychoanalyse*, in "Almanach für das Jahr", Internationaler Psychoanalytischer Verlag, Wien. Trad.: A. Carrino, *Il concetto di Stato e la psicoanalisi*, Napoli: Edizoni Scientifiche Italiane (1988).

_____ (1928). *Die Idee des Naturrechets*, Zeitschrift für öffentliches Recht, Bd. 7. Trad.: A. Carrino, *Essenza e valore della democrazia.* In: *Dottrina dello Stato*, Edizioni Schientifiche Italiane: Torino (1994).

_____. GJC-*La garantie juridictionnelle de la Constitution.* Paris: RDP, 1928.

_____ (1929). *Lectures on jurisprudence*, vol. I, London: John Murray Editor.

_____ (1933). CM-*Staatsform und Weltanschauung,*J.C.B. Mohr (Paul Siebeck), Tübingen. Trad.: C. Geraci, *Forme di governo e concezioni del mondo.* In: *Il primato del parlamento,* Giuffrè: Milano (1982).

_____ (1934). TP1-*Reine Rechtslehre, Einleitung in die rechtswissenschaftliche Problematik,* Leizig. Trad.: Jorge G. Tejerina, *Teoría pura del derecho*, Buenos Aires: Losada (1941).

_____ (1936). *Seele und die Recht*, Luchterhand Verlag, Frankfurt. Trad.: A. Carrino, *L'anima e il Diritto (Figure arcaiche della giutizia e concezioni scientifiche del mondo)*, Lavoro (1989).

_____ (1941). *The pure theory of law and the analytical jurisprudence*, Harvard Law Review. Trad.: Luis Carlos Borges, *A teoria pura do direito e a jurisprudência analítica*, São Paulo: Martins Fontes (1998).

_____ (1941). *What is Justice?* Trad.: E. Brandão/M. Stahel, *O direito como técnica social específica. In: O que é a justiça?*, Martins Fontes: São Paulo (1998).

_____ (1943). SN-*Society and Nature*, University Chicago Press, Chicago. Trad.: J. Perriaux, *Sociedad y Naturaleza (Una investigación sociológica)*, Depalma: Buenos Aires (1945).

_____ (1945) TGDE-*General Theory od Law and State*, Hans Kelsen Institute, Viena. Trad.: L. Carlos Borges, *Teoria Geral do Direito e do Estado*, Martins Fontes: São Paulo (1998).

_____ (1948). *Absolutism and Relativism in Philosophy and Politics*. Trad.: J.L. Camargo/M.B. Cipolla, *Absolutismo e relativismo na filosofia e na política. In:* A Democracia, Martins Fontes: São Paulo (2000).

_____ (1951). *What is Justice?* Trad.: E. Brandão/M. Stahel, *Ciência e política. In: O que é a justiça?*, Martins Fontes, São Paulo (1998).

_____ (1953a). *Was ist die reine Rechtslehre?* Trad.: Ernesto Garzón Valdés. *¿Qué es la Teoría Pura del derecho?*, México: BÉFDP (2002).

_____ (1953b). Théorie pure du droit, introduction a la science du droit. Trad.: Henri Thévenaz, Neuchatel: Baconnière.

_____ (1954). *The Province of Jurisprudence Determined and the Uses of the Study of Jurisprudence*, London. Trad.: G. Gjylapian, *Delimitazione del campo della giurisprudenza*, Il Mulino (1995).

_____ (1957). *What is Justice?* Trad.: E. Brandão/M. Stahel, *O que é a justiça?. In: O que é a justiça?*, Martins Fontes: São Paulo (1998).

_____ (1957a). DT-*What is Justice?*, University of California Press, Berkeley/Los Angeles. Trad.: E. Brandão/M. Stahel, *O direito como técnica social específica. In: O que é a justiça?*, Martins Fontes: São Paulo (1998).

_____ (1957b). *What is Justice?*, University of California Press, Berkeley/Los Angeles. Trad.: E. Brandão/M. Stahel, *A doutrina do direito natural perante o tribunal da ciência. In: O que é a justiça?*, Martins Fontes: São Paulo (1998).

_____ (1957c). *What is Justice?*, University of California Press, Berkeley/Los Angeles. Trad.: E. Brandão/M. Stahel, *Causalidade e retribuição*. In: *O que é a justiça?*, Martins Fontes: São Paulo (1998).

_____ (1957d). OJ-*What is Justice?*, University of California Press, Berkeley/Los Angeles. Trad.: E. Brandão/M. Stahel, *O que é a justiça?*. In: *O que é a justiça?*, Martins Fontes: São Paulo (1998).

_____ (1960). TP2-*Reine Rechtslehre*, Franz Deuticke, Viena. Trad.: João Baptista Machado, *Teoria pura do direito*, São Paulo: Martins Fontes (1998).

_____ (1964). *La función de la constitución. In:* (AA.VV.). *Derecho y Psicoanálisis (Teoria de las ficciones y función dogmática)*, Buenos Aires: Edicial.

_____ (1979). *Allgemeine Théorie der Normen*, Manzsche Verlags- und Universitätsbuchhandlung, Wien. Trad.: M. Torre, *Teoria generale delle norme*, Torino: Einaudi (1985).

KIRK, G.S./Raven, E./Schofield 1983, M. *The presocratic philosophers (A critical history with a selection of texts)*, Cambridge Press, Trad.: C.A. Loro Fonseca, *Os filósofos pré-socráticos (história crítica com seleção de textos)*, Fundação Calouste Gulbenkian: Lisboa (1994).

KOYRÉ, A. (1973). *Études d'histoire de la pensée scientifique*, Hallimard, Paris. Trad.: M. Ramalho, *Estudos de história do pensamento científico*, Forense Universitária: Rio de Janeiro (1991).

LE BON, G. (1905). *Psychologie des foules*, PUF: Paris (1991).

MACHIAVELLI, N. (1967). *Il Principe, e pagine dei Discorsi e delle Istorie*. Firenze: Sansoni.

MAQUIAVEL, Nicolau. *O Príncipe*, Capítulo XVIII.

MARRAMAO, G. (1995). *Poder e secularização (As categorias do tempo)*. São Paulo: UNESP.

MARRAMAO, G. (2000). *Dopo il leviatano (indiduo e comunità)*. Torino: Bollati Boringhieri.

MATTEUCCI, N. (1983). *Contrattualismo. In: Dizionario di Politica*, UTET: Milano.

MERKL, Adolf (1917a). *Das doppelte Rechtsantlitz. Eine Betrachtung aus der Erkenntnistheorie des Rechts.* Trad. Carmelo Geraci, *Il duplice volto del diritto. In: Il duplice volto del diritto (Il sistema kelseniano e altri saggi).* Milano: Giuffrè Editore (1987).

_____ (1917b). *Das Recht im Lichte seiner Anwendung.* Trad. Carmelo Geraci, *Il diritto dal punto di vista aplicativo. In: Il duplice volto del diritto (Il sistema kelseniano e altri saggi).* Milano: Giuffrè Editore (1987).

_____ (1918). *Das doppelte Rechtsantlitz. Eine Betrachtung aus Erkenntnistheorie des Rechts,* in *Juristische Blätter.* Trad.: Carmelo Geraci, *Il duplice volto del diritto. In: Il duplice volto del diritto (Il sistema kelseniano e altri saggi),* Milano: Giuffrè, 1987.

_____ (1931). *Prolegomena einer Theorie des rechtlichen Stufenbaues,* in *Gesellschaft, Staat und Recht. Festschrift gewidmet Hans Kelsen zum 50.* Wien. Trad.: Carmelo Geraci, *Prolegomeni alla costruzione a gradi. In: Il duplice volto del diritto (Il sistema kelseniano e altri saggi),* Milano: Giuffrè (1987).

PAULSON, Stanley L. (1990). *Kelsen as political theorist.* In: Simone Goyard-Fabre (AA.VV). *La pensée politique de Hans Kelsen,* Caen: Cahiers de philosophie politique et juridique, nº 17, Publications de l'Université de Caen.

PISTONE, Sergio (1983). *Ragion di Stato.* Em: N. Bobbio/N. Matteucci/G. Pasquino. *Dizionario di politica,* Torino, UTET, 2000.

POPPER, K. (1973). *Objective Knowledge (An evolucionary approach).* Trad.: M. Amado, *Conhecimento objetivo,* Itatiaia: Belo Horizonte (1999).

RANCIÈRE, J. (1996). *O desentendimento (política e filosofia).* São Paulo: Editora 34.

RITVO, L.B. (1990). *Darwin's Influence on Freud: a tale of two sciences.* Trad.: J.C.C. Guimarães, *A influência de Darwin sobre Freud: um conto de duas ciências,* Imago: Rio de Janeiro (1992).

ROUSSEAU, J.-J. CS – Contrato social, Livro I, Capítulo IV.

SARTORI, Giavanni (1995). *Tecniche decisionali. In: Elementi di teoria politica,* Bologna: Il Mulino.

_____ (1997). *Democrazia (Cosa è),* Milano: Rizzoli, 1997.

SCHMITT, Carl (1922). *Politiche Theologie vier Kapitel zur lehre von der Souveränität,* Duker und Humblot, Berlin. Trad.: J.L. Schlegel, *Théologie politique,* Gallimard: Paris (1984).

SCHMITT, C. (1972a). ITT – *I tre tipi di pensiero giuridico.* In *Le categorie del politico.* Bologna: Il Mulino.

SCHMITT, C. (1972b). *L'epoca delle neutralizzazioni e delle spoliticizzazioni.* In. Bologna: Il Mulino.

SCHMITT, C. (1981). *Romanticismo politico.* Milano: Giuffrè.

SCHMITT, C. (1986a). Il leviatano de Hobbes. In *Scritti su Thomas Hobbes.* Milano: Giuffrè.

SCHMITT, C. (1986b). Lo Stato come meccanismo in Hobbes e in Cartesio. In *Scritti su Thomas Hobbes.* Milano: Giuffrè.

SCHMITT, C. (1987). ECS – *Ex captivitate salus*. Milano: Adelphi.

SCHMITT, C. (1990). *Dialogo sul potere*. Genova: Il Melangolo.

SCHMITT, C. (1999a). CP – *El concepto de lo político*. Madrid: Alianza Editorial.

SCHMITT, C. (1999b). *La dictadura (Desde los comienzos del pensamiento moderno de la soberanía hasta la lucha de clases proletaria)*. Madrid: Alianza.

SCHMITT, C. (1999). Teologia politica (Quatro capitoli sulla dottrina della sovranità). In *Le categorie del politico*. Bologna: Il Mulino.

SCHMITT, C. (2001). *Tierra y mar (Consideracciones sobre la historia universal)*. México: Fondo de Cultura Económica.

SCHMITT, C. (2009). *La tirannia dei valori*. Milano: Adelphi.

TROPER, Michel. (1994). *Pour une théorie juridique de l'Etat*, Paris: P.U.F.

WEBER, Max (1922). *Wirtschaft und Gesellschaft. Grundriss der Verstehenden* Soziologie, J.C.B. Mohr (Paul Siebeck), Tubinga. Trad.: J.M. Echavarría *(et alii), Economia y sociedad (Esbozo de sociología comprensiva)*, México: Fondo de Cultura Económica (1998).

_____ (1967). *Essais sur la Théorie de la Science*, Plon. Trad.: Rubens Eduardo Frias, *A objetividade do conhecimento nas ciências e na política sociais. In: Sobre a teoria das ciências sociais*, São Paulo: Moraes (1991).